瞬間看穿人心的
心理學

Pawpaw Poroduction◎著

許慧貞◎譯

前　言

　　市面上充斥各種心理學書籍，你是否曾好奇地翻開來看，卻發現內容不是太簡單而無法在腦海留下印象，就是太過艱澀讓人看不懂？淺顯易懂固然重要，但如果簡單到內容過於鬆散，就容易澆熄讀者覺得「心理學」有趣的熱情，這並不正確。若文章表現方式活潑生動，不但能讓讀者輕易理解專業的內容，也能引起他們對心理學的興趣。基於這樣的想法，我才打算著手編寫一本「容易閱讀但內容有深度」的心理學書籍。本書是以基礎內容為主，搭配數位心理學者的研究結果與最新報告而成的「心理學入門書」，文章寫作的目的在於能讓讀者感覺「心的活動」與「人類行為的趣味性」。大家可以輕鬆地看過漫畫後再讀解說，也可以反向進行，順序沒有硬性規定。有時——不！應該說機率很大，漫畫會脫離文章主線。如果這樣各位仍覺得有趣，較艱澀的說明鐵定能在你的腦海中留下印象。

　　接下來簡單說明本書的使用方法。基本上，從哪一章開始看都沒關係，但我仍為各位準備了說明心理學基礎知識的「序章」，其中簡單介紹心理學的概要與歷史、種類等，好讓大家能對心理學有大致了解。早已了解基本心理學的人當然可以略過不看，但本章的內容主

要是針對第一次接觸心理學的人所設計，簡單易懂且不會感到厭煩。

第一章將談論深層心理與性格心理，解說夢的結構與種類，並說明生氣、哭泣的意義，還觸及許多深層心理的內容。希望各位在看了本章後，能萌生檢視自己內心世界的興趣。

第二章講的是社會心理學，針對人在社會中的各種行為加以解說。例如透過未幫助有困難的人與排隊的人的心理狀況，思考人類的行為。

第三章的主題是戀愛心理學。本章將解釋人為什麼會談戀愛？該如何做才能讓對方察覺自己的心意？以及夫妻幸福美滿的訣竅等。

第四章探討的是認知心理學，將說明能看、能聽、能記憶的人類各種行為與有趣的心理效應。本章大膽地拋開太難懂的解釋，盡可能詳細地說明使各位了解。

第五章介紹產業、發展、犯罪、色彩、音樂及運動等各種心理學。透過趣味小故事，對各種領域的心理學予以說明。

第六章則是心理學應用，藉由許多假設的情況來說明大家都能活用的心理效應。

總之，閱讀本書後，將能了解自己（第一章）→透視對方（第二章）→明白戀愛究竟為何物（第三章）→清楚眼睛與耳朵的構造（第四章）→得知各種心理效應（第五章）→實際應用（第六章）。希望藉由這番循序漸進的說明，能讓各位了解心理學一連串的關連。

　　由於作者專精色彩心理學，所以本書中還介紹其他心理學書籍看不到的色彩學入門。為了增加本書的可信度，還請許多醫療相關工作者提出諸多建議。由於封面有猴子，內文又有漫畫，八成有讀者會懷疑本書的內容不正經。沒錯，內容就如同大家想的一樣怪異——不！其實不是這樣！本書可是作者嘔心瀝血的作品，只是想以更有趣的方式表現耐人尋味的人類心理效應罷了。

　　熟知心理學能增進與他人的溝通，減少為人際關係所苦的機率。不僅如此，說不定還能看見自己一直都未發現的另一面，擁有自我啟發的功能。心理學可說是相當有意義的學問呢！

　　本書漫畫，依舊沿用在《漫畫有趣的色彩心理學1》、《第一次約會別穿白色！——超級實用色彩心理學2》裡出現的猴子們，因此大家會在內文中看到一群名為「三本猿猴」的猴子，藉由頭上所插花朵的顏色或形狀，來表現內心情感與想呈現的顏色。至今只知牠們是日本猿猴的亞種，卻不清楚牠們詳細的生態。在此感謝這群行為模式極度接近人類的稀有種族，特地現身協助本書的實驗與說明。

　　　　　　　　　Pawpaw Poroduction ／原田玲仁

CONTENTS

瞬間看穿人心的心理學

CONTENTS

什麼是心理學？

在解釋什麼是心理學之前，先介紹幾個實例。在本章中，將簡單解說戀愛的心理效應、心理學的概論和歷史。希望各位在知道心理學的背景後，能更徜徉在有趣的心理學世界中。

羅密歐與茱麗葉效應
~戀愛一遇到阻礙，就會愛得更熱烈~

　　首先為各位介紹的是人類有趣的行為與心理。尤其是戀愛，簡直是不可思議的心理效應寶庫。例如墜入愛河的男女若遇到許多阻礙，彼此的羈絆反而更穩固。一般人都會認為，在一切完善的環境中，未遭遇任何阻礙且得到周遭眾人祝福的愛情，會發展得比較順利；但其實越是受雙親反對等問題困擾的情侶，彼此間的戀情反倒更趨堅定。在兩人世界裡，如果像連續劇或小說的情節般出現了情敵，對另一半的愛意也會隨著加深。心理學稱這種情形為「羅密歐與茱麗葉效應」。

　　《羅密歐與茱麗葉》是莎士比亞的戲劇作品之一。故事內容敘述在十四世紀的義大利，蒙特鳩（Montagus）家族與卡布雷特（Capulets）家族不斷相對抗，但蒙特鳩家的兒子羅密歐卻與卡布雷特家的女兒茱麗葉陷入熱戀，並一同努力突破重重阻礙。戀愛遭雙方家長反對這情形其實很常見，但牽扯上兩個家族長久以來的對立關係，卻是難得一見的莫大阻礙。

　　在明明喜愛對方卻因受阻礙而不得不分開的衝突感（不悅）下，心理效應就會發生作用，企圖解決難題。由於現實的障礙不會因為人的心理就消失，為了跨越困境以致內心愛戀的情感變得更強烈。接著，當事人會將想突破阻礙的力量誤以為是戀愛的濃度，並將跨越阻礙後的成就感轉化為愛情。

　　越是因私奔等轟轟烈烈戀愛結婚的情侶，反倒越容易乾脆地離婚，原因正是在此。越是熾熱的戀愛，說不定只是對悲劇萌生的強烈情感罷了。

超人氣鉅片《鐵達尼號》裡的主角——傑克與蘿絲，也是突破重重阻礙、兩顆心緊緊相依的絕佳例子。夢想成為畫家的窮小子傑克與上流階級的千金小姐蘿絲，不僅身世背景有天壤之別，而且蘿絲已與鋼鐵大亨之子訂婚，加上她有位作風保守的母親，這一切對兩人形成莫大的阻礙。這部電影情節參考了《羅密歐與茱麗葉》，而且除了多重障礙外，還加上「船上」這個特別的空間，促成兩人擦撞出激烈的愛情。在阻礙之外若再加上特殊的場景，便稱為「鐵達尼效應」。

例如你前往亞馬遜河流域深處探險，意外邂逅一位出色的異性。當你察覺自己傾心於對方時，赫然發現同行的密友竟也對那人有好感。後來密友請你幫忙撮合，你卻覺得自己對那位異性的情意急速上升。問題是再過一天就要離開了……時間一分一秒流逝，明知友情很重要，但喜愛的情愫無論如何都壓抑不住，啊！該怎麼辦才好？

像這樣的情況，正是戀愛的鐵達尼效應。若讓這種狀態持續下去，小心陷在友情與愛情的夾縫中難以脫身。

不過，《鐵達尼號》裡的蘿絲最終並未像茱麗葉那樣為追隨摯愛的人而殉情，卻選擇依循傑克的心願堅強地活下去。不同於以悲劇落幕的《羅密歐與茱麗葉》，蘿絲被塑造成一位堅強的女性。在運用鐵達尼效應時，其實也希望當事人無論在何種情況下萌生愛情，都要積極把握並堅強地活在世上。

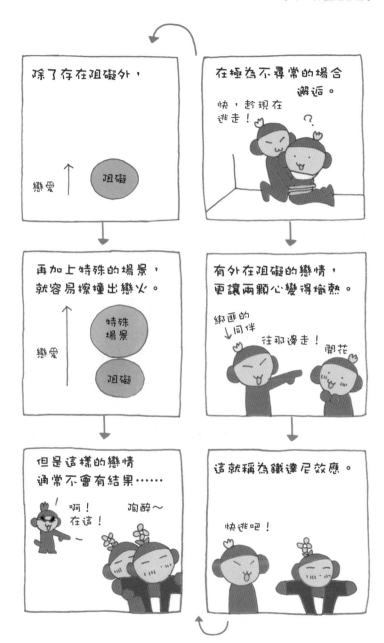

常聽人說：「眼見為憑，否則不要相信。」但遺憾的是，人類的視覺出乎意料並不可靠。我們透過視覺獲取許多資訊，在人的五感（視覺、聽覺、嗅覺、觸覺、味覺）中，視覺的作用占整體的 80％以上。問題是視覺卻意外地不可信賴。先請各位看下面這張圖。稍微瞄一眼（約兩秒）後，再看以下的文章。

這張圖畫的是在一間餐廳裡，因為餐點內有蒼蠅而大怒的兩位凶惡客人和在一旁道歉的男服務生。請問大家，圖中某人拿著一把刀，這人是誰？（別再看圖確認，憑記憶作答。）

大多數的人照我說的仔細回想後，會說應該是穿紫色襯衫或穿紅色襯衫的客人。但請再看一次圖，這兩位客人手上並沒有拿東西，拿著刀的其實是服務生。（正確回答是服務生的人，你的

觀察力很敏銳；至於回答是後面那隻猴子的人，你想太多了！）

　　這是一個正在用餐的場景，坐在桌邊的兩人理所當然會使用到刀，再加上他們表情可怕又在怒吼，所以大家自然先入為主地認為一定是他們倆其中一人拿著刀。既定觀念與常識等，有時會影響到視覺的記憶。

　　下圖的例子，則是在犯罪調查中目擊者常犯的先入為主的錯誤。目擊到疑似罪犯的人，實際上對方手中並未拿什麼東西，卻在作證時加油添醋地表示那人手拿凶器。這常是使犯罪調查變得困難的原因之一，因為人類的想像力會憑空捏造出其實未看見的景象。

什麼是心理學？
～以科學方式研究人類內心的學問～

　　到目前爲止，已舉出數個有關心理學的例子稍加說明，但究竟什麼是心理學呢？人們看見美麗的花會覺得很漂亮，觀看感動的電影會落淚，這些都是心理作用產生的結果。簡單地說，心理學就是觀察人類的行爲，分析行爲的理由與原因，以便研究內心作用的學問。說得再淺白些，就是以科學方式研究人心。

　　人心眞的很不可思議。明明喜歡對方卻對他很冷淡，面對不喜歡的人反而與他親切交談，令自己事後懊悔不已。「喜歡」和「討厭」到底是怎麼一回事？其實無論是什麼行爲或想法，背後一定有其理由，只要加以了解，就能更加看清自己，也能避免許多人際關係的問題。心理學便是了解別人與自己的指南針。

　　心理學廣泛應用在不同領域。例如牛郎俱樂部裡的公關們，不是深知該施展什麼手段才能使客人盡情地喝酒，而且願意喝更高價的酒嗎？許多牛郎在經過反覆的實驗與失敗後，終於學會讓客人成爲常客且在店內寄酒的技巧。這就是從一個人的行爲探知其內心狀態的心理學。不光是運用在人際關係上，也可以用於研究災害發生時人們的心理，藉以思考出適當的避難方法。此外，還可藉以研究犯罪者的心理，進而消滅犯罪、改正罪犯的人格等。就連「錯視」這種視覺的錯覺，也屬於心理學的範疇。心理學存在於各式各樣的領域中，是一門非常博大精深的學問。

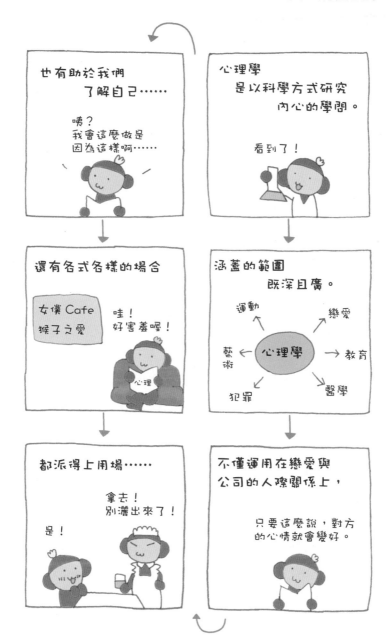

也有助於我們
了解自己……

咦？
我會這麼做是
因為這樣啊……

心理學
是以科學方式研究
內心的學問。

看到了！

還有各式各樣的場合

女僕 Cafe
猴子之愛

哇！
好害羞喔！

涵蓋的範圍
既深且廣。

運動　　　戀愛
藝術 ← 心理學 → 教育
犯罪　　　醫學

都派得上用場……

拿去！
別灑出來了！

是！

不僅運用在戀愛與
公司的人際關係上，

只要這麼說，對方
的心情就會變好。

1. 古希臘哲學時代

探究心理學從何時開始其實並不容易，但若將邏輯化思考內心視為心理學的起源，則可遠溯至古希臘時代。在此時期，心理學其實是哲學。哲學家亞里斯多德認為，眼睛接收到的資訊到了心臟便轉變為「心」；另一位哲學家柏拉圖卻認為，心與身體是分開的，人即使死後，心仍會以理念（Idea，或稱理型）的型態遺留下來。古希臘時代的心理學非常難以明瞭，令人不禁慶幸自己不是生存在那時期。

2. 馮德登場

19世紀時馮德（W. M. Wundt）出現，這對心理學而言是一個重大的轉機。馮德致力於讓心理學脫離哲學，並藉由科學實驗研究心。後來馮德在德國的大學設立心理學實驗室，吸引歐洲、美國、日本等各國希望學習心理學的人們聚集在此。這就是近代心理學的開端。

3. 三大心理學流派

馮德的「實驗心理學」後來演變成三大流派。其一是提倡以整體型態來理解人心的完形心理學（Gestalt psychology），其二是客觀研究人類行為的華生（J. B. Watson）所主張的行為主義心理學（Behavioristic psychology），以及佛洛伊德（S. Freud）創立的精神分析心理學（Psychoanalytic psychology）。

4. 佛洛伊德的精神分析

佛洛伊德創立「精神分析」，認為人類一切行為皆是「無意識」的產物，並將此觀點應用在解析心理構造與心理治療上。就現代心理學而言，佛洛伊德是著名的大師，他的名字頻繁地被提及，但在當年卻是學會無法接受的異議分子。不過佛洛伊德的精神分析後來跨越心理學與醫學的範疇，對藝術及政治思想等各領域均帶來一定的影響。

5. 榮格的分析心理學

佛洛伊德的弟子榮格（C. G. Jung）主張，無意識分為兩種，不但為佛洛伊德的理論加註自己的獨特見解，更發展出分析心理學的理論。根據榮格的看法，人類除了「集體無意識」外，還存在「情結」（Complex）等因人而異的後天無意識（個人無意識）。後來由於榮格與佛洛伊德的看法落差甚大，所以兩人分道揚鑣。從此心理學跳脫原本的框架，跨入靈與魂的領域。

6. 阿德勒心理學（亞特拉心理學）

阿德勒（A. Adler）是原本和佛洛伊德一同研究心理學但後來拆夥的心理學家之一。他起初對佛洛伊德的精神分析深感興趣，但後來卻創立了不專注於精神內在，而更注重人際關係的實踐性個體心理學。尤其是在兒童的自立與社會性發展的方法、老年人的照護等方面，至今仍廣受應用。雖然他的知名度不算高，但阿德勒心理學（個體心理學）在日本非常受歡迎。

心理學的歷史

西元前4世紀

柏拉圖
（約BC428～BC347年）
主張心與身分開。即使身體死亡，心仍會遺留下來。

亞里斯多德
（約BC384～BC322年）
主張知識存於心臟，知識造就心的形狀。

17～18世紀

笛卡兒
（1596～1650年）
繼承柏拉圖的主張，認為自我的存在與意識密切相關。

1879年

馮德
（1832～1920年）
認為應藉由實驗而非哲學來探究心理行為。是近代心理學之父。

完形心理學
將精神現象視為一個整體來思考。

1900年

佛洛伊德
（1856～1939年）
主張精神分析論，其研究重點在「無意識」而非「意識」。認為人類一切行為皆與「性」有關，這論點後來遭弟子反對。

行為主義心理學
藉由客觀地觀察行為來研究心的活動。

榮格
（1875～1961年）
分析心理學。更積極探索無意識。

阿德勒
（1870～1937年）
創立個體心理學。其學說至今仍廣為活用。

臨床心理學　深層心理學　　教育心理學　　社會心理學

等心理學派別持續發展。事實上還有許多的心理學者，其範圍相當複雜且寬廣。

　　心理學和哲學分離至今不過百餘年，可說是一門相當新的學問，但因心理學的適用範圍非常廣，所以短時間內已衍生出許多類別，活用於各個領域中。

　　不同的心理學者或書籍，對心理學的分類法與解釋也相異。不過，一種心理效應通常和許多心理學有關，特意為某種心理效應分類其實並不重要，也非心理學的本質。在此列舉幾項心理學的類別及代表學說，供各位參考。

■基礎心理學

認知心理學	探討知覺與記憶的心理學。錯視的研究等也屬於此類別。
發展心理學	研究人類發展的機制、人類成長過程的心理學。
社會心理學	研究個人或團體在團體與社會中的行為。
感情心理學	研究感情對身體的影響以及感情的機制。

※其他還包括變態心理學、人格心理學、生理心理學、語言心理學等。

■應用心理學

臨床心理學	為苦於心理疾病的人解決問題，屬於醫療行為的心理學。
性格心理學	研究性格形成的主因與性格分類等。
教育心理學	將心理學應用在教育現場，以期提升教育效果。
犯罪心理學	不僅研究犯罪者的心理，更重視預防犯罪的研究。
色彩心理學	研究色彩產生的心理效應，包括部分認知心理學的學問。

※其他還包括產業心理學／災害心理學／運動心理學／環境心理學／交通心理學／民族心理學／空間心理學／廣告心理學等。

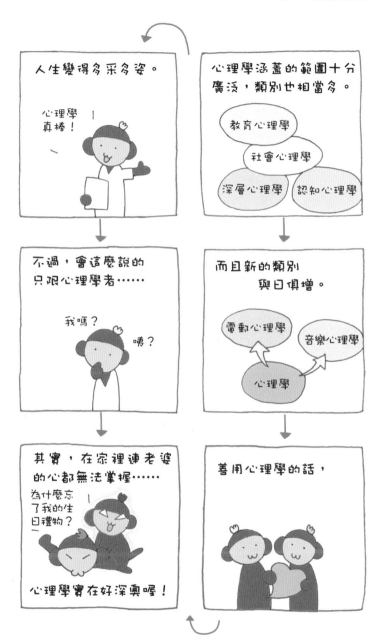

第 1 章

你所不知的真正自己
（深層心理學與性格心理學）

在此希望大家從各種角度探索自己的深層心理，並思考關於性格與人的情感等問題。只要專注地看自己的內心，應該就能發現自己所不知的另一面。真正的自己和自己的心，其實非常有趣。

夢顯示的真正自己
～做夢的日子和無夢的日子～

　　相信各位早上起床後，應該都知道自己昨晚「做夢」或「沒做夢」。大家的夢內容鐵定千奇百怪，有人的夢有始有終，有人的夢則是意義與情節均不明，更有人在夢中突然見到多年不見的朋友或親人。有人在醒來後對夢境內容還記得鉅細靡遺，但有人卻只能想起片段。為什麼人會做夢呢？

　　人在睡眠時，會交相出現大腦和身體皆為休息狀態的非快速動眼期（Non-REM）及大腦呈清醒狀態的快速動眼期（REM）。做夢多是在大腦清醒的狀態下發生（近來經研究確認，大腦在休息狀態下也會做夢）。

　　根據精神分析學者佛洛伊德的說法，人會將願望藏在心底，清醒時意識會抑制願望浮現；一旦入眠後，壓制力會減弱，藏在內心深處的願望就會影像化。這就是夢的成因。不過儘管抑制力減弱，也非完全無作用，所以在自我意識過度刺激下，大部分的夢境內容會再被壓抑回心底，因此成為記不得的夢。事實上，我們每天都做夢，會覺得自己沒做夢，純粹是因為不記得了。人一天平均做 4 ～ 5 個夢，也就是一年約 1300 個夢，一生約 10 萬個夢。

　　人類擁有自我防衛功能的一大好處，就在於能自動忘掉對自己不好的事物。也就是說，覺得自己幾乎沒做夢的人，說不定每晚都做惡夢。

夢顯示的真正自己
～為什麼會做夢？～

　　為什麼願望會影像化呢？人類做夢的真正原因眾說紛紜，並沒有確切的結論。直到現在，夢的機制仍在研究中。

　　其中一種較有力的說法指出，若在夢中看到日常無法實現的願望，會產生願望已經實現的心情，欲求不滿的狀態便能解決。願望如果一直藏在心裡，日久會變成壓力。夢可說是紓解壓力、安定心靈的保全系統。不過實際上也有人指出，睡眠一受做夢侵擾，人就會產生攻擊性格、情緒不穩等問題。還有人主張，夢是將清醒時收集的資訊分類為「必要」與「不必要」，整理後記在腦中的系統。

　　心裡的煩惱也常出現在夢境裡。在夢中解決問題的例子更是屢見不鮮。例如某位數學家就是在睡眠時解開了難解的問題。有時，夢甚至會提醒你存在體內的危險。根據報告指出，狹心症患者在出現自覺症狀前，會夢到胸口受某種東西用力拉扯。從這些例子可知，人類做夢是非常重要的一件事。

　　做夢並不是人類特有的現象，其他哺乳類動物和鳥類也會做夢。養狗的人應該見過狗一邊午睡一邊嗚嗚叫的情形。牠們若夢到自己的餐盤裡盛滿平日無法吃到飽的肉乾，必定能令牠們的精神安定地多。當我察覺寵物可能在做夢時，便會想讓牠好好地睡一覺。

夢顯示的真正自己
〜清醒夢〜

　　一般人即使夢到的內容十分荒謬，也不會察覺自己在做夢，頂多起床後會有「剛剛做了個好奇怪的夢喔」這樣的感覺而已。不過也有人在夢中會察覺自己在做夢，這稱為「清醒夢」（Lucid dreaming）。這是因為睡眠期間腦部掌管語言與運動的部位呈現半清醒狀態所致。做清醒夢的人只是少數，但根據專家的研究，許多人經過逐步訓練後也能做清醒夢。清醒夢的好處，在於夢裡你可以依照自己的喜好控制夢境的走向，讓欲求如願以償。若是「夢裡能實現平日無法成真的願望，滿足內心的欲求」，那麼在表層意識上就有可能實現許久的願望。事實上，由做過「清醒夢」的人的感想可知，他們事後多會覺得有幸福感與滿足感。

　　關於「清醒夢」的訓練方法是，只要平時不斷自我暗示「注意自己正在做夢」，以強化意識，並將夢境記錄在日記裡就行了。目前已有許多專門的研究機關與研究人員在研究清醒夢，相關書籍也很多，有興趣的人不妨參考看看。但其中不是藉由科學而是以靈學的角度來探討清醒夢的書籍有部分不太正經，選擇時千萬要小心。

　　我也有數次做清醒夢的經驗。第一次時起初並未發現自己在做夢，當察覺後，便打算趁這難得的機會飛上天，手用力揮舞幾下，整個人就飛起來了，不可思議的幸福感瞬間充滿了我的心。不過從第二次起就沒那麼幸運了，當我注意到自己在做夢時，通常隨即醒來。由此可見，控制夢境還真是困難呢！

夢顯示的真正自己
~夢與色彩／做夢男女有別~

🔒 夢與色彩

　　常聽到人們爭論夢究竟是黑白的還是彩色的，依最近的研究結果顯示，夢一般而言是彩色的。有人認為這與彩色電視有關，但我對此說法抱持懷疑。依我的觀點，夢基本上應該是彩色的。當我們看到常見的景色時，很少人會一一辨別各種顏色。也就是說，人們在多種色彩躍入眼簾時，不會一一分辨「這是紅色」、「那是藍色」，只是籠統地看過而已。做夢時也是如此，我們並不會將注意力集中在色彩上，這不就等同於沒有一一辨識顏色？畫家和設計相關工作者常言之鑿鑿地說自己的夢是彩色的，但那應該只是有無意識到的差別罷了。

🔒 做夢男女有別

　　心理學家霍爾（C. S. Hall）與凡戴卡索（R. V. de Castle）研究男女 1000 個夢境，藉以調查男女做夢是否有別。結果顯示，相較於男性的夢裡大多會出現與自己敵對的人，在女性的夢裡登場的多是與自己友好的人。此外，女性的夢境常與家庭或家族相關，而男性若未特別意識到什麼，並不太會夢到家人。女性常夢到自己在購物或與朋友見面等日常生活的事，相對地男性多夢到自己去冒險或旅行。兩者較顯著的差異在於罹患重病時做的夢：男性大多會直接夢到死亡，並為此感到恐懼；女性則會夢到與好友分別等人際關係中斷的夢。

　　夢蘊含著各種訊息。由於夢的成因可能是心底的願望、身體傳達給自己的訊息，或是其他不同的原因，所以並不存在夢到某種夢就代表什麼意義的簡單公式。即使做同樣的夢，也會視當時的情感狀態而有不同解釋，外行人很難自行判斷。不過如果常夢到特定的夢，通常就表示有某方面的傾向。在此收集整理多位心理學家及睡眠研究者研究出的數個夢境診斷結果，供大家參考。但這些診斷依研究者不同而有不一樣的解釋，並不像大家想的那樣單純，所以切勿一概而論。希望各位只要將這些結論當成發現自己內心的參考資料之一，並加以活用。

　　進行夢境研判前，先在床邊放好便條紙等便於記錄的用具，起床後趁還沒忘記前盡快記下夢的內容。隨著時間經過，我們很快就忘掉自己做過什麼夢，所以得趁還有印象時記下夢的情境、場面，以及在夢裡做什麼、當時的心情等等。

　　然而我們的內心究竟想藉夢境傳達什麼訊息給自己呢？

墜落的夢

　　墜落的夢通常與心裡對某件事感到不安或恐懼有關。因為人實際墜落時感覺到的並非痛苦，而是恐懼感。這類的夢大多來自於害怕工作失敗或失戀等不安因素，也可能是對未來感到惶恐所造成。做這種夢時，有人會在墜落途中察覺「這是夢」，有人則在墜落時腳突然抖動一下後醒來。

　　墜落的夢可能在暗示自己會發生不好的事，但也可以解釋成精神藉由在夢中墜落取得某種平衡。這或許是一種警告信號吧！

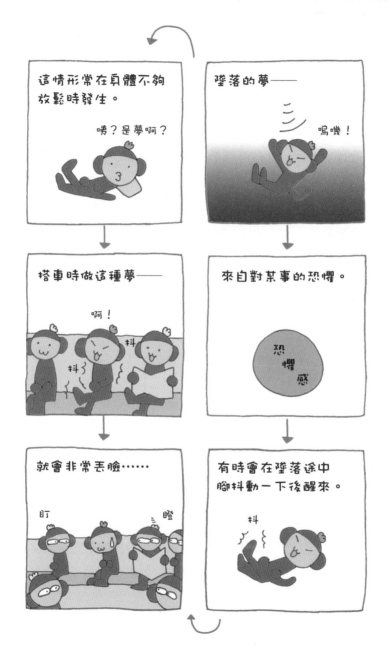

夢顯示的真正自己
～夢的種類與深層心理②～

🔒 飛翔的夢

　　飛翔的夢多是在工作上獲得成功或戀愛圓滿等達成某事的情況下出現，其他如設定了新目標等也常做這類的夢。部分心理學家會解釋爲這是想逃離現狀，心中有欲求尚未滿足。總之，就是「好想做些什麼事」的心情，形成「飛翔」的願望出現夢中。如果你做了飛翔的夢卻未明確想做什麼事，或許是對日復一日的生活感到厭倦的心在告訴你：「好想做些什麼事啊！」

　　有些人會因爲飛翔的夢太過眞實，誤以爲自己眞的能飛而胡亂嘗試，卻不幸受傷。或許你會覺得這些人「眞的好傻」，但不可諱言，確實有人夢境相當逼眞，所以千萬要小心，別將現實與夢境混爲一談。

🔒 被追逐的夢

　　被追逐的夢通常是在對某事不安或身陷麻煩等心生困惑時會出現。工作繁忙的公司職員夢見被人追逐者其實不在少數。此外，不光是感到強烈不安時會夢到受追逐，處在既不安又期待且帶點好奇的心情下，也容易做這種夢。例如私人的生活環境產生變化、突然被交付某項重責大任等狀況。

　　一般來說，若是夢中遭身分不明的人追逐，會產生「看到恐怖的東西」這種感覺，但另一方面也會想看清楚對方是誰。多位心理學家認爲，這可能與兒童時期的可怕經驗或潛在的恐怖體驗有關。

夢顯示的真正自己
～夢的種類與深層心理③～

🔒 考試的夢

考試的夢大多數內容是寫不出答案而內心惶恐，這是因為即將面臨考試的種種不安導致人做夢。如果考前準備不足，或許是潛意識希望你再多加點油，所以出現這種夢。此外，明明不緊張卻做這種夢，可解釋為潛意識在警告你不要失敗，最好再次複習並確認自己都熟讀了。相反地，也有心裡縱然不安卻夢到自己考得很好，因而萌生自信，最後果然考得不錯的例子。

🔒 被擁抱的夢／被緊抱的夢

就被擁抱的夢來看，男女有顯著的差異。男性幾乎不做這種夢，但大多數的女性卻有這類經驗。會做被擁抱的夢，大多是為了再次確認能信賴的人就在身邊因而做夢；當然也有人是希望被憧憬的對象擁抱，才會做這種夢。女性向來比男性更重視人與人間的情感聯繫。也有許多人覺得，被擁抱更能感受到彼此的情感交流。

🔒 找廁所的夢

分明不想上廁所，卻做了找廁所的夢，會出現這種情形的大多是將自己的想法埋在心中不敢說出口的人。現實中無法說出口的壓力，在夢裡就轉化成找廁所的行為。

夢顯示的真正自己
～夢的種類與深層心理④～

🔒懷孕的夢／暗示懷孕的夢

　　女性即使並未懷孕，也會做懷孕的夢。有些學者認為這是當事人想懷孕，但另一派學者認為這代表當事人不想懷孕。總之，她們內心的期望或抗拒都以夢的形式呈現。此外，也有人認為這樣的夢是提早告訴當事人懷孕的徵兆。一位美國心理學家在研究150名以上孕婦的夢境後表示，女性懷孕初期並不會做有這類特徵的夢，但通常會夢到自己在田裡播種、夢到小魚，或是河川、海洋等與水有關的夢。有人猜測這可能與羊水有關。

🔒生病、受傷的夢／暗示生病的夢

　　夢到生病或受傷，通常是在身心失衡時做的夢。此外也有例子是心底的深層心理在警告未察覺自己生病的當事人身體已經出問題，此種情況下，當事人多不會直接夢到自己生什麼病。

　　長期研究夢的卡特萊特（R. Cartwright）醫生曾提供一個很有意思的病例。一名男子夢到自己的喉嚨裡卡了一塊煤炭，喉嚨猶如灼燒般難受。深信自己生病的男子立刻前往醫院檢查，結果是陰性反應。沒想到之後他夢到自己的喉嚨被針刺，而且幾週後他的喉嚨出現腫塊，最後經診斷是甲狀腺癌。由此看來，身體似乎能察覺連精密檢查也無法發現的初期癌症，並以夢的形式提醒當事人。若能敏銳接收夢傳達的訊息，就能盡早掌握到身體發出的警告訊號。

夢顯示的真正自己
~夢的種類與深層心理⑤~

🔒死亡的夢

死亡的夢大家通常認爲十分不祥，其實並非如此。多數的心理學家認爲，死亡的夢代表「重生」，當一個人決心重新開始進行某事或想要開始進行某事時，就有可能做這種夢。尤其是青春期男女，在即將成爲大人、脫離兒童的階段時，就常會夢見自己死亡。

🔒吵架的夢

在夢中和誰吵架、當時是什麼心情，雖然各人不盡相同，但大多數人吵架的對象都是自己。即使是和別人吵架，對方也是自己的分身。在心裡有煩惱解不開時，就會想藉由和自己吵架來釐清事情。此外，對某件事感到不滿想發洩時，也會做吵架的夢。

🔒丟臉的夢

例如女性誤走進男廁、裸體被人看見這類的夢，通常是因爲害怕第一次約會或面試等必須被他人打量的場合而做的夢。

🔒到醫院的夢

在醫院裡接受治療的夢，通常表示你想求助別人。如果是在工作壓力繁重時夢到住院，就表示心裡極度想逃避現實；也可能是深層心理察覺身體某處有異樣，對你發出警告。

什麼是性格？
～以心理學來解釋性格～

　　我們平時常會說：「那人的個性眞好！」「他的性格很容易了解」。但「性格」（個性）究竟是指什麼？相信許多人雖然知道，卻很難解釋清楚。

　　若以心理學來說明性格，不太容易理解，其定義也會因不同學者而有出入。所以這麼說雖然輕率，但簡單歸納而言，性格不就是象徵一個人的行爲、言行的傾向嗎？當形容一個人「性格很容易了解」，就是在說「能輕易料到他後續的行爲模式」。形容一個人「個性好」，不就是說他具有一貫性的好的（溫柔、體貼）思考與言行模式嗎？只不過日文的語意曖昧使用起來十分方便，但相對地也很難追問出一個人眞正的想法。

　　許多心理學者將人的性格分爲數種類型來研究。在體型與性格的關係這方面的研究，最著名的是德國精神醫學家克雷奇默（E. Kretschmer）。他將體型分爲下列 3 種，性格特徵也各不同。
○瘦長型
　　保守內斂的性格，神經質且敏感的部分和無法察覺對方心情的遲鈍部分並存在體內。
○矮胖型
　　善於社交的性格，但卻有躁鬱（情緒亢奮與情緒低落的狀態輪流出現）的傾向。性情不穩定。
○鬥士型（結實型）
　　冷靜且一板一眼的性格，會突然發脾氣。

血型 A 型的人真是一絲不苟嗎？

～血型與性格／血型的歷史～

　　A 型的人一板一眼，B 型的人我行我素，O 型的人則是樂天派……依血型分析一個人的性格任誰都會，是很普遍的性格分析法。但遺憾的是，血型與性格的關係並沒有科學根據，相反地，還有諸多科學反證。血液中根本找不到能左右性格的因子，所以從醫學的角度來看，藉血型分析性格無疑是沒意義的行為。再就統計學來說，頂多能確認「O 型人的○○要素比 A 型人多了 1.3 倍」這種程度的差異。由數據上實在很難說兩者有關。「等等！我就覺得自己的性格吻合我的血型性格特點，我的家人們也是如此。」相信抱持這類疑問的讀者一定很多吧！

　　接著我就要解開這個謎。在此之前，先來回顧血型與性格的歷史。日本是最早將現在的 A、B、O 等血型與性格相連結的國家。1910 年發現 A、B、O 等血型後數年，日本醫師即發表了闡述血型與性格相關的論文。1920 年代，日本軍醫更針對血型與階級和懲罰進行研究。約在同一時期，教育學者古川竹二發表血型和氣質的研究，結果蔚為話題，並獲得許多人支持，甚至連求職履歷表上都特別附加血型一欄。然而此後其他學者接連發表否定這項研究結果的調查報告，大家也逐漸淡忘血型與性格的關連。然而到了 1970 年代，血型相關的書籍一發表後，藉血型分析性格的風潮又捲土重來，媒體也認為這是有趣的話題而大肆報導，這股熱潮便持續到現在。

血型 A 型的人真是一絲不苟嗎？

~血型與性格／分析準確的原因~

現在就從心理學的角度來說明，為什麼大家會覺得藉血型分析性格很準確，以及這種分析法為何如此普及。

1. 分析結果語意模糊

當然，若是以血型分析不準，就不會如此流行了。但為什麼會準呢？關鍵在於分析結果的描述方式。舉例來說，提出「A 型的人一板一眼，O 型的人是樂天派」這樣的差異後，又列舉了好幾個許多人共通的特性。如此一來，其中總有幾項會符合閱聽者的性格。例如對 A 型的人說：「你渴望平穩的人際關係。」事實上，幾乎沒有人不希望擁有平穩的人際關係。

2. 自己對分析內容對號入座

例如說 AB 型的人「常會有獨特的想法」，即使當事人覺得不準，也不會感到不悅；接著就會說服自己應該是這樣，然後主動想成為想法獨特的人。所以人們會越來越接近血型分析的結果，心理學稱此現象為「自我應驗預言」（Self-fulfilling prophecy）。

3. 以血型分析性格是便利的溝通工具

再沒有其他事物像它這麼方便好用了。而且只有 4 種類型，既簡單好記，又清楚說明了與其他性格的契合度，初次見面的人可以在對話時善加利用。無論在公司或與朋友聊這種話題，一般人並不會覺得困擾。相信這種分析法的人，尤其善於社交，性格也較外向，推測他們應該受到雜誌和電視極大的影響。

相信分析結果的心理／巴南效應
～人們為什麼會相信性格分析和算命呢？～

　　將血型性格分析這種誰都可能符合的一般性內容當成只在描述自己一人的心理現象，稱為「巴南效應」（Barnum effect）。這種效應其實非常可怕。把對血型 A 型的性格敘述一字不改拿給 B型的人看，並告訴他們那是「B 型的性格」，實驗結果顯示約九成的人認為分析很準。當人們一聽到「你渴望受他人喜愛」、「你其實擁有浪漫的一面」這些敘述時，幾乎沒人會否認說「不對」，或表示「這種說法好籠統」，大多數人會說「沒錯沒錯」並坦率地接受。

　　事實上，不僅是在性格分析方面，大部分相信算命的現象也屬於巴南效應。尤其對方若是赫赫有名的算命師，這種效應更發揮絕大的說服力。運用此技巧比想像中還要簡單，所以常遭人濫用。例如算命師常會說：「先前親人或朋友去世，在你心中留下難以磨滅的傷痕。」然而二、三十歲的人大多曾經歷過一、兩位親友逝世，且對方的死難免會在心裡留下一定程度的傷痛，這麼普通的事即使不是算命師也說得出來。

　　此外，大家常會認為屬於某特定團體的人就一定具有某種特質。例如人們會有「御宅族就是○○」這種類型化印象，所以看到御宅族便認為他們的性格都一樣。至於「日本人很勤勉」、「英國人有紳士風度」這樣的分類，其實更牽強，但許多人仍照單全收，且深信不疑。

從文字了解自己的性格
～藏在筆跡中的深層心理～

　　文字和說話同樣是人類的「行為」之一。一個人的筆跡會顯露他的性格，所以能從這種細節看出連本人都未察覺到的性格。在此藉由「口」這個簡單的文字來說明。希望大家不要在意前一單元提及的巴南效應，別拘泥於結果到底「準」還是「不準」，單純將它視為發現自我的一種工具。

從「口」字顯露的性格傾向

 縱劃和橫劃交接處緊密閉合的人，做事認真，一絲不苟，而且不懂得妥協。

 縱劃和橫劃的交接處開口的人，善於社交、性格圓融，深具協調手腕。

 寫的字上窄下寬的人，性格積極，勇於超越任何困難，內心深處一直在追求安定。

 寫的字上寬下窄的人，就如字一樣讓人有不安定的感覺，但也具有藝術家氣息。

 字的每個角都端端正正90度的人，個性慎重又一絲不苟，心裡一直惦記著要守規矩。

 字的轉角呈圓弧形的人，擁有幽默感，性格快樂，且富有人情味，活力充沛。

這個呢？

12　上下交接處都分得很開的人，性格開放，不拘小節。

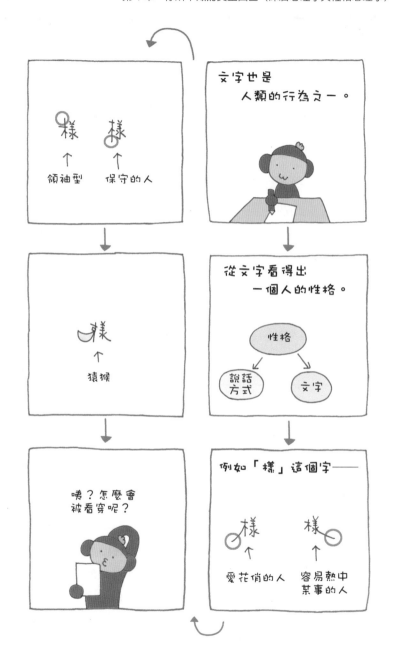

了解自己的測驗／「我是○○」
～利用 20 項陳述「Who am I？」更了解自己～

　　爲了讓各位更了解自己，在此提供一個有趣的測驗。這是由美國心理學家庫尼和馬克帕蘭（Kuhn & McPartland）設計的 20 項陳述「Who am I？」測驗（Twenty Statements Test，TST），是心理學界相當重要的測驗，相信許多人都曾聽聞。希望還未測驗過的人趁此機會挑戰一下。藉由這項測驗，你會饒富趣味地深入了解自己。請將浮現腦海的詞句依序填寫在下列 20 題的「我是……」之後。

①我是＿＿＿＿＿＿　　⑪我是＿＿＿＿＿＿

②我是＿＿＿＿＿＿　　⑫我是＿＿＿＿＿＿

③我是＿＿＿＿＿＿　　⑬我是＿＿＿＿＿＿

④我是＿＿＿＿＿＿　　⑭我是＿＿＿＿＿＿

⑤我是＿＿＿＿＿＿　　⑮我是＿＿＿＿＿＿

⑥我是＿＿＿＿＿＿　　⑯我是＿＿＿＿＿＿

⑦我是＿＿＿＿＿＿　　⑰我是＿＿＿＿＿＿

⑧我是＿＿＿＿＿＿　　⑱我是＿＿＿＿＿＿

⑨我是＿＿＿＿＿＿　　⑲我是＿＿＿＿＿＿

⑩我是＿＿＿＿＿＿　　⑳我是＿＿＿＿＿＿

　　許多人一開始會振筆直書「我是公司職員」、「我喜歡看電影」等內容，但到中途就逐漸寫不出來了。看到最初的造句，你可能會發現自己如今正強烈在意什麼，以及自己處於什麼位置。從中段開始漸漸出現一些無意識的欲求，冷靜看待其實挺有趣。

你所不知的真正自己／周哈里窗
～與未知的自己相遇的方法～

大家都認為最了解自己的人莫過於自己了，其實這倒未必。「你真的很不服輸耶！」相信有不少人是聽到朋友這麼說後，才初次察覺自己有這樣的性格。從他人口中聽到自己的事，能讓我們更加了解自己。

下圖是心理學家約瑟（Joseph）和哈里（Hary）提出的「周哈里窗」（Johari window）。首先將自己的資料分為四個區塊進行審視。

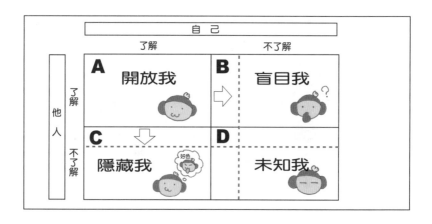

A 是自己了解、別人也知道的開放我；B 是自己不了解、他人卻知道的盲目我；C 是自己了解、他人卻不知道的隱藏我；D 是自己和他人都不了解的未知我。當有人告訴你不自知的部分，B 區會如圖中箭頭所示縮小。同樣地，當 C 區的隱藏我暴露得越多，未知的 D 區就會越來越小。未知我若變小，就越能了解自己潛在的性格，結果就是屬於開放我的 A 區會變大。

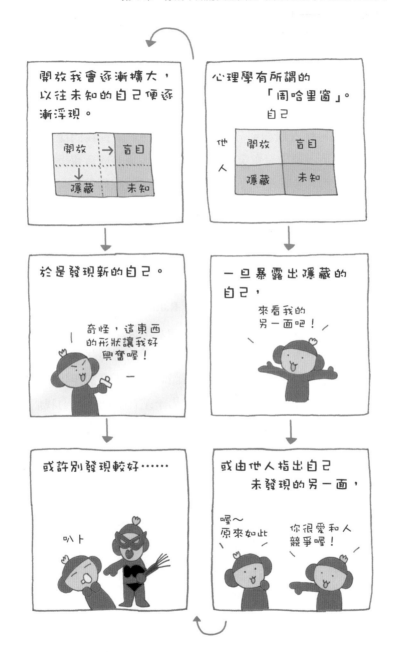

　　當我們開心、看到有趣的事時就會發笑。近來更有研究指出笑擁有提升免疫力等正面效果，頗受大家注意。但人為什麼會笑呢？據說只有人類和部分的猿猴會「笑」。確實我們從未見過鱷魚或雞在笑，要是有會笑的青蛙存在，大家八成會覺得噁心吧！笑可以分為許多類型，並有各式各樣的說法解釋笑。包括佛洛伊德、康德（I. Kant）、柏格森（H. Bergson）等心理學家，都曾研究過「笑」究竟為何物。

　　以下的學說或許超出心理學的範圍，但我仍想與各位分享。美國精神科學家拉瑪錢德朗（V. S. Ramachandran）在其著作《尋找腦中幻影》（*Phantoms in the brain*）中提及一段有趣的論述。發笑之所以重要，是因為當令人心懷戒備的意外狀況突然發生，當下必須使人對目前的狀態重新解讀時，可用來當作訊號。例如突然有位穿了一身黑、面孔凶惡的男子站在面前，這對我們而言是應戒備的意外狀況，所以心裡自然很緊張。沒想到，那男人竟笑著向我們問路。就在自己鬆了口氣那一瞬間，卻發現男子的前排門牙黏著綠色海苔，頓時忍不住笑出來。這是一個訊號，告訴自己之前的警戒其實「弄錯了」，於是笑了。發笑應該是為了讓我們對原先誤以為的危險重新解讀而發出的訊號，是與生俱來的一種自然機制。以心理學的角度來看，也認為「笑」這樣的行為是一種緩和緊張的辦法，藉此維持內心的平衡。「禮貌性的笑」與「笑」近似，也能緩和緊張狀態。

為什麼會生氣？
～思考生氣的機制～

就像會發笑，我們也常會發怒。「憤怒」這種情緒是從哪來的呢？人在日常生活中，常會對任何行為與結果有一定程度的預測，然而一旦這種控制系統脫軌，就覺得「不安」與「恐懼」，緊接著體內的防禦反應和警告反應便化為「憤怒」的情緒表現出來。例如你到餐廳點餐，心裡原本預料稍後餐點就會送上來，沒想到等了 30 分鐘後還是不見餐點的蹤影。這時你的內心會不由自主地產生「服務生該不會忘了吧」這類的不安。於是體內的防禦反應啟動，產生憤怒的情緒。也就是說，憤怒是因為事情未依照自己料想的進行所產生的情感。

此外，人都有所謂的「自我尊重」（Self-esteem），認為自己有基本的價值存在。不過這與英文「Pride」（自豪，自尊心）不太一樣。當被人批評「你根本沒資格當人」、「你是最差勁的人」時，自我尊重感會受傷害，在這種情況下也會覺得憤怒。所以憤怒也可視為保護「自我尊重」的行為。

自我尊重感高的人，能以寬容的態度面對他人的侮辱。因為自我尊重感高，所以無論別人如何說，都不會影響他對自身的評價。但自我尊重感低的人，只要聽到對自己不利的批評，就會立刻發怒。而且自我尊重感低的人無法尊重自己，必須藉由他人的尊敬才能間接得到自我尊重，只要遭人否定就會無法提升自我尊重。所以試著冷靜地審視自己，說不定就不會因為一些芝麻小事生氣了。

哭泣後覺得舒暢的原因
~哭泣、流淚的機制~

　　人們會在各式各樣的場合流淚。不過人為什麼會哭呢？心理學家詹姆斯（W. James）和朗格（C. Lange）留下了「人並非因為悲傷才哭泣，而是因為哭泣才悲傷」這句充滿哲學意味的話。這說明了「哭泣」的生理反應比「悲傷」這種心理的情感體驗還更早發生。

　　有趣的是，人不僅因為悲傷而哭，還會喜極而泣。這是由於因情緒流的淚與自律神經有緊密的關連。無論高興或悲傷時，情緒都會刺激自律神經，使其呈現興奮狀態，於是人就會哭泣。佛瑞二世（W. H. Frey II）博士發現，導致女性哭泣的理由中，「悲傷」占 50 ％，「喜悅」占 20 ％，「憤怒」占 10 ％。人們普遍認為女性比男性愛哭，但這是因為男女的感情構造不同所致，並非單純是女性較脆弱的緣故。部分女性會為哭泣感到自卑，其實根本無須如此。

　　此外，大家應該都會覺得哭完後心情變得舒暢。這是因為哭泣能將壓力物質排出體外。其實哭泣是減輕壓力的行為，許多人卻不善於直接表現哭泣等情感。為了消除壓力，就該盡情地哭。順帶一提，淚水的成分會因為當時的情緒而產生變化。憤怒的淚水分含量少、鈉含量高，所以嚐起來很鹹；相反地，悲傷的淚則水分較多，因此較不鹹。

為何無法持續的心理
～厭倦與成就感～

　　明明就對運動健身、遠距教學、減肥等事物感興趣，但實際進行後卻無法持續。這樣的人還真不少呢！所以會如此，當然大部分與性格有關。容易喜新厭舊的人，無論做什麼事都難以長久持續。所謂「厭倦」，就是指失去幹勁，阻礙了想持續下去的意念。一般來說，「受人命令做的事」、「不得不做的事」等，較容易令人感到厭倦。

　　不過，「厭倦」還與行為的動機及評價有極大的關連。動機分為外在動機與內在動機兩種。外在動機就是所謂的胡蘿蔔（獎勵）與鞭子（懲罰）。例如若考試得滿分，就能獲得腳踏車當作禮物；或是如果不做這件工作，就會遭上司責罵。另一方面，內在動機是指「無論如何都想到國外去，所以要努力存錢」這類自發性的行為。從能否持續來看，外在動機的特徵就是只能維持一段時間的效果，無法長期持續。如果猴子解開問題就賞牠香蕉，久而久之，沒有香蕉時猴子就不解題了。這樣的意義並不大。

　　為了持續進行某事，一定要先訂立具體的小目標，讓自己每當完成一項目標時，就能嚐到些許成就感。不要一下子就擬訂打掃整個房間這樣龐大的目標，而是分別訂立如今天整理書架、明天清理書桌之類的個別目標，得以持續嚐到「做得很好」的成就感才是上策。此外，若將這股動力與戀愛結合，成果更是驚人。就像有人說：「我學外文就是為了與外國人交往。」戀愛的熱情將產生莫大的幹勁。

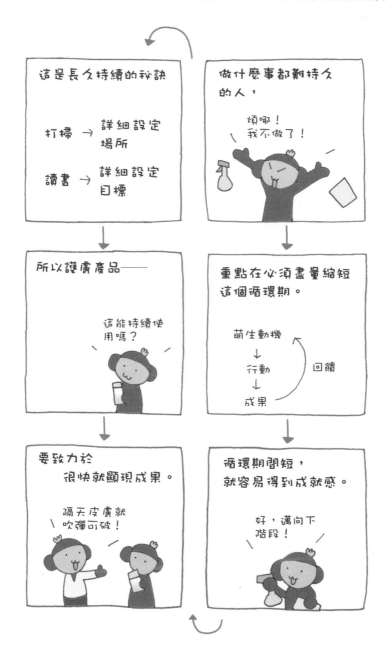

完美藉口的出場順序
～為了保護自己的心理作用～

　　當人其實很方便。得不到想要的事物時、因爲失敗遭受責罵時，都會找理由保護自己。這就是所謂的「防衛機制」，扮演防護的角色以避免自己不悅或不安。以下將介紹數種具代表性的防衛機制。

　　・壓抑：人們犯錯時，會無意識地找許多理由壓迫失敗的原因，如「運氣差」、「天氣惡劣」、「沒有廁所」等。就是不願承認自己的失敗。

　　・反向：例如冷淡地對眞心喜愛的人說「不要碰我」，卻對討厭的對象很親切，這種故意做出和意識相反的行爲，就稱爲反向。它是爲了應付壓抑無法處理的強力情感而產生的防禦行爲。

　　・投射：「我會犯錯都是派我做這件工作的上司害的」、「我會跌倒都是因爲商品放在這裡」……這種防衛機制會將責任轉嫁給別人，合理化自己的錯誤。

　　・合理化：失敗時就想出一個看似合理的理由安慰自己。例如用「這問題那麼難，會犯錯也是理所當然」、「因爲我生病才無法做好」等方便的藉口，來解釋自己的行爲。這種人大多自視甚高。

　　・轉移：將受壓抑的情感轉而發洩在其他對象身上。例如被老師罵，便將本來針對老師的怒氣轉而發洩在自己也認爲不相干的母親身上。

　　・昇華：將受壓抑的情感轉變成社會容許的行爲而獲得紓發。例如藉由運動發洩壓力。

第 2 章

人們搭電梯時為何都往上看？

（社會心理學）

本章將討論自己與他人、自己與社會、組織中的人有什麼樣的行為模式等，關於人在社會裡的行為與心理效應。希望大家能藉此得知他人的行為背後蘊藏的意義，當作自己行事的參考。

人們搭電梯時為何都往上看？
～個人空間①～

　　這是我某天搭電梯時發生的事。在電梯裡，我一如往常抬頭看樓層顯示燈，卻發現有人在那裡亂塗上「別一直盯著這裡看」等字。確實如此，我只要一搭電梯就習慣抬頭看樓層顯示燈。不過不只我這麼做，大家搭電梯時幾乎都盯著那兒看。為什麼電梯的樓層顯示燈能抓住大多數人的心呢？或是因為某種不可思議的心理作用才造成如此現象？畢竟這一行為真的很不可思議。

　　其實，這種行為與我們擁有的「個人空間」（Personal space）有密切的關係。所謂個人空間，猶如在身體四周有一道隱形界線。當有外人踏入這空間，自己就會覺得受到壓迫。這種空間距離因人而異，一般而言是前後 0.6～1.5 公尺、左右約 1 公尺的空間。女性比男性需要更大的空間，而攻擊性格越強的人所需空間就越大。搭乘爆滿的車會覺得呼吸困難，就是因為個人空間遭他人入侵所引起。

　　電梯的空間相當狹窄，搭乘者彼此的個人空間幾乎互相重疊，所以人們都想盡快逃離這令人喘不過氣的空間。抬頭往上看便是想離開這狹小空間的心理表現。此外，盯著樓層顯示燈，不只為了確認自己的目的地，還有想早點離開的意思，並且能確實感覺到自己正在前進（逐漸接近開放的空間）。大多數的人凝視其他角落的時間都沒有看樓層顯示燈來得多。所以大部分的電梯樓層顯示處沒有張貼廣告，真令人感到不可思議。

為何大家喜歡坐靠邊的座位？
～個人空間②～

　　人們搭電車時有與在電梯中相同的行為模式，就是選擇座位的方式。大家會先選擇靠邊的座位，其次才是居中的位置。更有人一看到靠邊的座位空出來，立刻從遠處飛奔過來占位子（尤其是婦女）。

　　這種行為也與每人的個人空間有關。靠邊的座位只有一側與其他人接觸，所以許多人喜歡選擇坐這位置。只要鄰座無人，萬一打瞌睡也不會造成他人的困擾，更不用擔心輸入簡訊時有人偷看。鄰座無人的環境確實讓人很放鬆。

　　然而也不是任何地方的邊邊角角座位都受大家歡迎。例如靠近廁所等場所入口的位置，即使是角落的座位也沒人想坐。還有無論是速食店或咖啡廳，離出入口很近的角落座位都少有人坐。這是因為包廂型座位能保有一定程度的個人空間，所以大家也就不堅持一定要坐角落的位置。相反地，這些場所入口附近的座位有令人不安、外頭的人容易看到等缺點，遠超過角落座位所具有的好處。此外，居中的座位如果周圍都沒人坐，也常受人青睞。人類的行為真是有趣！

　　附帶一提，個人空間會因對象而大幅變動。例如個人空間原本與前方約距離 1 公尺，但若遇到親近的人，就會縮短為 0.5 公尺；相反地，如果是討厭的對象，將拉大為 2.5 公尺。這是因為遇到不喜歡的對象，自然產生拉開彼此距離的心理作用。

關東人喜歡排隊
~排隊的心理／同調行動~

　　人們喜歡排隊。爲了購買有魅力或超人氣的商品，就算得花數小時排隊也甘願。爲什麼會如此呢？相信許多人會回答：「因爲這項商品值得排隊購買。」但眞的只有這原因嗎？

　　極富魅力的商品吸引人來是理所當然，不過若再加上有人排隊，更有魅惑人心的力量。人們一看到有人排隊，自然就會萌生「這麼多人排隊捧場，這東西肯定不錯」的想法。而且人們會因爲與他人做同樣的事產生安心感，心理學上稱爲「同調行動」。此外，排隊買到物品產生的成就感，也能創造某種滿足感。

　　當然，這種行爲會因人而異；有趣的是，甚至具有地域性。以日本來說，根據統計，關東人比關西人容易加入排隊的行列，這是因爲關東人「如果不這麼做，或許會被周遭的人排擠」的脅迫觀念特別強的緣故。相對地，如果擁有大家得排隊才能買到的商品，因爲商品有話題性而多少會得到別人讚美，安心感也跟著提高。關東人一向難以抗拒這種感覺。不過說好聽點，就是他們對流行相當敏感。

　　近年來，只要雜誌或電視報導過的店家，立刻就成爲人氣匯集的地點。這也使得人們不需再自行判斷「味道」、「設計」這類複雜且因人而異的條件。就如同買名牌商品不光是因爲它的質感好，還包括價格昂貴的物品能提昇自己的身分地位，排隊消費時間似乎也成爲一種名牌商品了。

人為什麼會趕流行？
～趕流行者的類型～

　　爲什麼人們會受流行風潮吸引？據說「流行」一詞的語源是「事物就如河水流動般在世間流傳」。有時這道水流會一口氣通過岩石縫隙成爲激流，有時卻又像下游的水一樣緩緩流動滲透地層。所謂流行是指某種服裝或行爲一時間廣爲世人接受的現象。在歷史上，貴族階級的特殊穿衣風格是因爲擴展到民間才形成流行。例如珍貴的紫色天然染料，原本只有日本的王公貴族才能使用，但合成染料技術普及後，紫色便一下子在民間流傳開來。現代社會已沒有貴族與平民的階級差別，流行結構也有了大幅轉變。

　　羅傑斯（E. M. Rogers）教授將會接受流行的人分爲數種類型。勇於挑戰新事物的創新者（Innovators）占 2.5 ％，採用新事物並傳布流行訊息的早期採用者（Early adopters）占 13.5 ％，在早期階段就趕上流行的早期多數（Early majority）占 34 ％，待商品流行普及一陣子才接受的晚期多數（Late majority）爲 34 ％，最後才接受的落後者（Laggards）約占 16 ％。不過這些數據會因對象事物不同而有差異，各位當作參考就好。

　　一般認爲，創新者包含流行尚未成形前就行動的人及意識到流行產生才開始行動的人。大部分的早期採用者是在意識到流行風潮後，比別人早做了不一樣的事，好滿足精神上的優越感與自我表現欲。早期多數雖是基於同調行動才接納流行，但仍與早期採用者一樣覺得有優越感。晚期多數純粹是因爲同調行動，甚至有人是因爲強迫觀念之類的心態才接受流行。至於落後者，基本上可說是傳統派人士。如此思考自己處在什麼位置很有趣吧？

未幫助有困難者的心理
～社會懈怠心理／林格曼效應～

在電車裡或路上看到年長者有困難時，相信大家都會想伸出援手，但實際挺身相助的人卻很少。是因為都市人太害羞嗎？沒錯，這應該是原因之一。不過大多數的人是因為身邊還有他人，因而萌生「即使我不做，也會有別人去做」的心態。這種想依賴其他人採取行動的心理，就稱為「社會懈怠」或「林格曼效應」（Ringelmann effect）。

德國心理學家林格曼（M. Ringelman）藉由拔河實驗發現，隨著參與人數增加，每個人的拉力也隨之減弱。原本認為人數越多越能產生相乘效果使拉力增大，不料卻適得其反。這是因為團體中的人越多，成員越會產生「不差我一個」的心態，大家也就越不會認真拔河了。

美國心理學家拉丹（B. Latané）和戴利（J. Darley）也曾進行類似的實驗。參與實驗者（受驗者）戴著耳機在單獨的房間內與數人進行討論會，由於在單獨的房間裡，所以看不到其他人。討論會進行片刻後，事先安排假扮病人的一位討論者會突然間發病。藉由此情景，測試受驗者在透過耳機得知有人病發時，會不會向主辦者求助。在這項實驗中，除了受驗者外，其他人都是暗椿。於是，有趣的狀況發生了。在只有受驗者和扮演發病者兩人進行討論的情形下，每位參與實驗者都會在 3 分鐘內通報。但當參與討論的人數增為 3 人時，會通報的比例降為 60 ％；增為 6 人時，通報比例只剩 30 ％。這是因為受驗者有「即使我不通報，也有其他人會通報」的心態所致。事實上，社會大眾未即時幫助有困難者的行為，受到這種心態的影響甚鉅。

西瓜靠大邊的心理
～從眾效應與落水狗效應～

當有人問：「你的座右銘是什麼？」政界人士大多能發表一套漂亮的說辭。但他們真正的座右銘應該是「西瓜靠大邊」（西瓜效應）。所謂西瓜靠大邊，就是看誰是贏家或誰的局勢較有利便支持他的心理。在受派閥政治支配的現代社會裡，這或許是理所當然的事。這種行為在心理學稱為「從眾效應」（Bandwagon effect，或直譯為樂隊花車效應）。「Bandwagon」是遊行隊伍中前導的樂隊花車，隨著此車登場，周遭的氣氛變得高亢，讓人想跟隨著它，所以用來稱呼從眾的心理。政界人士的這種心理效應尤其明顯，一般民眾也多會有「反正就是支持贏的人」的心態。

但另一方面，也有人懷抱「同情弱者」的心理，所以相反地會支持弱者，日本人稱為「落水狗效應（敗犬效應）」（Underdog effect）。一般來說，對於直接與自己密切相關的事會產生從眾效應，如果不是則會有落水狗效應。例如政客認為黨代表選舉和自己的地位有密切的關係，就會產生強烈的西瓜靠大邊心理；然而他們對於高中棒球比賽等與自己沒有直接關連的事，就會傾向於支持落敗的高中球隊。

在經濟活動中，也常運用從眾效應。例如大家常在電影廣告中看到「好評熱映中！」這類宣傳詞，其實這些用語和電影票房無關，只是為了讓大家產生「既然許多人都去看，我也去瞧瞧」的從眾效應而已。希望大家多注意這種伎倆。

外表好看就有好處
～擅自想像對方的光環效應～

外表出眾就容易得到好處，相信誰都會對此有同感。事實上經由實驗證明，大學教授會給漂亮的女學生較高的分數，壽司店店員如果看到美女結帳也會算便宜點。不僅如此，人們還會不自覺地認為外貌出色的人一定也有好性格，會是能幹優秀的人。這在心理學稱為「光環效應」（Halo effect），意思是某人背後的光芒襯托得本人看來更出色。

這種效應不只在外表上。例如大家很容易會認為著名大學的畢業生一定擁有完美的人格，或是寫字漂亮的人一定很聰明。雖然會說英文不必然等於工作能力強，但奇妙的是，會說英文的上班族總給人工作能力強的印象。相對地，做壞事的人不一定長相凶惡，也有穿著西裝筆挺、態度誠懇，故意濫用光環效應博取他人信任的壞蛋。

2007 年秋天，一則新聞介紹蘋果公司的麥金塔電腦（簡稱 Mac）的銷售量比前一年大幅提昇，該季的成長率更是業界的 8 倍，顯示新的購買者消費狀況相當踴躍。根據專家分析指出，由於購買 iPod 和 iPhone 的消費者對產品的使用與設計大有好感，連帶對 Mac 產生興趣。會形成這樣的結果，不光是因為 iPod 和 iPhone 一樣是蘋果公司的產品，與 Mac 有相容性，還因為這兩項產品給人的優質印象，讓大家對同家公司出品的電腦也萌生期待。這也是一種光環效應。

換了職務（角色）就像變了個人
～管理職的可怕與可能性～

　　公司裡原本相當和藹的前輩，一擔任管理職後突然變得好嚴厲。大家是否曾遇到這種令人傻眼的情況？所謂角色，是指人在社會生活中必須完成的職務或工作。事實上，「角色」是相當恐怖的東西。當「應該這樣」變成「必須這樣做才行」後，便會產生許多壓力。為了讓自己扮演的角色獲得認可，有時得違背自己的原則或做事方針，創造出另一個人格。並且採取相關的行動，積極地讓自己成為符合該地位與角色的人。

　　2001 年的電影《實驗監獄》（Es），是以美國史丹佛大學心理系曾實際進行的一項角色實驗改編而成。內容是將公開募集來的一群人分為獄警和囚犯兩組，讓他們在模擬監獄內扮演各自的角色，藉以調查角色對人的行為有何影響。實驗開始後，扮演獄警的受驗者變得有攻擊性，扮演囚犯的受驗者則變得服從。這項實驗的進行狀況逐漸失去控制，甚至還發生暴動。這部作品告訴我們，扮演什麼角色對當事人有極大的影響。

　　研究兒童團體心理的日本學者田中熊次郎，曾以國小五年級學童為對象進行擔任班長的角色實驗，結果發現參與實驗的兒童都會努力以成為符合班長職務的人。當角色性格與本人性格融為一體後，周遭眾人對受驗者的評價也跟著提高，形成良性循環。因此「角色」這東西雖然危險，卻也是教育人的良方。

聽演唱會為何會隨大家齊唱？
~去個人化的可怕~

　　平日性格柔順的人，一到音樂會或演唱會就隨著大家齊唱，觀賞足球等運動比賽時也跟著大聲加油……不曉得各位是否有這樣的經驗？當自己埋沒在團體中，個人意識也會隨之變淡薄。這在心理學上稱為「去個人化」（Deindividuation）。在此種心理作用下，會覺得沒人看自己，並產生「在這裡我可以為所欲為」的想法。處於開放的空間中，會增強這種欲求，再加上周遭的人並不認識自己，更沒有人際關係束縛，所以才會大聲唱歌或加油吶喊。此外，大叫或大聲唱能發洩壓力，讓心情變好，所以有些人便如中毒般地大吼大叫。

　　不過情況演變到這種局面，也存在著危險。當自我意識變弱，會開始覺得無論做什麼事都好像不是自己做的。例如「足球流氓」一類對足球狂熱過頭的球迷，就是屬於這種狀態的人。當然，去個人化並不會造成失去一切社會性而衝動行事，因為保有社會性的團體，很難產生反社會性的行為。

　　心理學家金巴多（P. Zimbardo）曾以女大學生為對象進行一項可怕的實驗。如果進行學習實驗的學習者犯了錯，參與實驗的人（受驗者）就能懲罰他。受驗者分為身上掛著大型名牌及臉部蒙著布巾看不出是誰的兩組。結果顯示，當兩組人聽到指令要對犯錯的學習者施行電擊懲罰時，蒙著頭巾的人電擊學習者的時間較長。這項實驗象徵去個人化冷酷的一面。

電子郵件與真正性格不一致的人們
～電郵人格與電郵溝通～

電子郵件非常便利,文章中總省略許多細節,只以一句「我待會兒傳 mail 給你」解決。不過在覺得方便的同時,卻也產生新的問題。其中之一就是所謂的「電郵人格」。簡單來說,這是指從電子郵件字裡行間感受到的寄件人性格和他實際的性格並不一致。例如信件行文總是很冷淡,用詞充滿憤怒,實際上寄件者卻是個性溫和敦厚的人。也有的情況是看到措辭非常客氣的電子郵件,便猜測寄件者應是個性誠懇的人,不料見面後卻發現對方是吊兒郎當的人。

平常面對面溝通時,我們會邊說話邊觀察對方的表情。即使是打電話,也會聽對方的聲音好斟酌接下來要說的話。會這麼做有時是刻意,有時則是無意識的行為。人們會配合對方的反應選擇自己要說的話,也就是「察言觀色」的工夫。然而寫電子郵件卻缺少這一環節。縱使中途擔心對方不知會如何想,最後還是會將想傳達的寄出去。當面對談可以藉著觀察對方的臉色修正自己說的話,電子郵件卻不能靠此方式修正用辭。而且寫電子郵件時會陷入一種亢奮狀態,感情與情緒較容易失控。如果寫電子郵件的壞習慣太多,也容易讓人誤解寫信者的人格。所以在傳送信件前,最好站在對方的立場再看一遍比較妥當。

不只是寄件人,收件人也會產生問題。人們不只靠對話來理解一個人,還會依據各種資訊(眼神、服裝、舉止等)想像對方的性格。所以若只能透過文章並無法對一個人有正確解讀,很容易由收信者擅自決定對方的想法與性格。

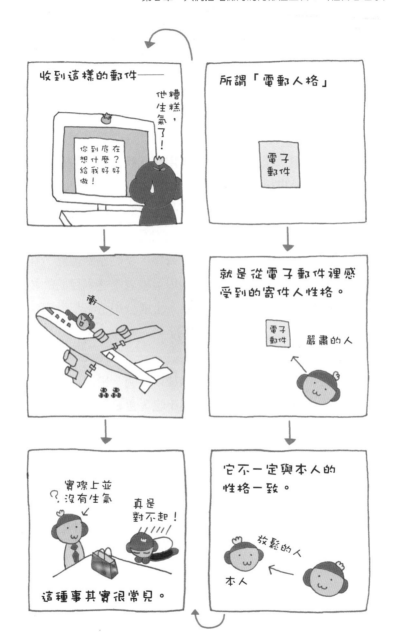

政界人士為何中意高級餐廳？
～政界人士的祕技「Luncheon technique」～

　　一提起政界人士的晚間聚會，就會聯想到高級餐廳。爲什麼他們常選擇在高級餐廳呢？如果要密談，大可在隱密的房間內進行。向來忙碌的政界人士會刻意挪出時間在高級餐廳用餐，自然有其道理。其中一項理由是人們在用餐同時交談，較可能贊同對方的意見。這是出自於人們會對共同擁有快樂或滿足感的對象產生好感的心理效應。此外，用餐是令人放鬆並卸下心防的行爲，再加上餐廳內的色彩能緩和情緒，例如看到象牙色或青綠色的室內，不僅是眼睛，連全身肌肉都會放鬆，身體感到輕鬆。在這種情況下，較能採納對方的意見。利用這種效應達到目的的技巧，稱爲「Luncheon technique」，政界人士或公司董事都愛用。而且不只是在日本，連美國政界也很風行。

　　關於這項技巧曾進行各種實驗加以證明。根據現有的結果指出，邊吃輕食邊讀評論，比什麼都不吃，更會對文章有善意的解釋。

　　許多企業也常宴請生意上往來的客戶或自家員工，並在席間提出各種主張或請求。不過近來這種行爲常遭濫用。如果想勸誘某人，就請對方吃飯，再趁機勸誘他答應。在此場合中，重點不在用餐前，而在用餐時。希望各位了解這種手法，小心別掉進有心人士的圈套。

第 3 章

酒吧裡為何總是燈光昏暗？

（戀愛心理學）

心理學也能活用在戀愛上。遲遲無法了解異性心理的人，不妨參考心理學的入門知識來了解對方，進而建立與他（她）的親密關係。

喜歡一個人的理由
～戀愛發生的各種原因①～

　　人若沒有戀愛就活不下去，戀愛對人而言相當重要。人在戀愛時究竟是被對方的哪一點吸引？為什麼會喜歡上對方呢？

　　大受歡迎的韓國連續劇《冬季戀歌》中，有一段台詞相當值得玩味。民亨問有珍喜歡翔赫哪一點，有珍於是說出翔赫的許多優點。結果民亨聽了笑說：「妳喜歡他太多地方了，真正喜歡一個人是沒有理由的。」確實如此，喜歡一個人沒有道理可循。這時不禁要哼起「永遠～」（冬季戀歌插曲最後一段歌詞）這句戀愛的至理名言了。

　　不過，真的是這樣嗎？心理學家認為，喜歡一個人自有其原因，並對此進行各種研究。這些原因其實繁多而複雜，所以在此僅列舉數項代表性的結論進行說明。回首過往，思考自己是被對方哪一點吸引？自己何時墜入愛河？應該是件相當有趣的事。

1. 對方的身體魅力

　　簡單來說就是外型。這一點是理所當然的事，從心理學的多數實驗也可證明，身體魅力大的人較能讓異性產生好感。此外，人們也容易對身體魅力與自己相當的對象產生好感。兩個外貌條件相當的人很容易相互吸引。雖然誰都喜歡外型充滿魅力的人，但對照過自己的條件後，若覺得「應該會被拒絕」，就會轉而喜歡和自己較相配的人。這在心理學稱為「相配假說」（Matching hypothesis）。

2. 行為模式和自己相似的人

有些情侶是在聯誼活動結識，發現對方和自己看相同的電視節目，覺得氣味相投，接著開始交往。人們很容易喜歡上價值觀和金錢觀與自己相似的對象，即使共通點只是區區的電視節目，也不可小看。雙方的態度及行為模式相似性越高，就越容易相互吸引，心理學上稱為「相似性因素」（Factor of Similarity）。相反地，如果興趣、行為模式差異甚大，彼此就難以發展出戀情。依美國的研究結果顯示，在運動嗜好方面落差大的情侶，很難修成正果步入結婚禮堂。

除了相似性外，若是對方又比自己略優秀些（達到會尊敬對方的狀態），也會發揮強大的效應。

在講述彼此共通的樂趣時，人的認知會處在平衡的狀態。據說人們就是想盡量保持這樣的狀態，才會對對方有好感。

3. 喜愛的性格

性格也是選擇情人的重要因素之一。簡單地說，誰都憧憬性格好的人，但什麼樣的性格才討人喜歡，其實個別差異極大，無法一一說明。

美國心理學家安德森（N. H. Anderson）曾以555個性格特質形容詞對大學生進行調查，看哪些是大家喜愛的性格。100名男女用0～6共7等級的分數來評價，結果名列前茅的是誠實、正直、善體人意、忠誠、值得信賴、知性、可靠、心胸寬大等，墊底的是愛說謊、下流等。

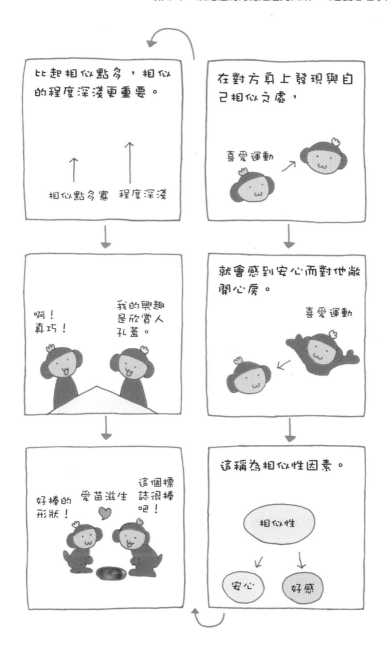

4. 清楚對方的心意

決意分手的女方常說的一句話就是：「我一點都不了解你在想什麼！」所以反過來說，了解對方在想什麼，是戀愛關係裡相當重要的一個因素。雖然戀愛起於自己對對方有好感，但了解對方的心情也很重要。人們容易喜歡上愛慕自己的人，這稱為「善意回報」（互惠性）。也就是接受到愛情的那一方，會想以愛情回報對方。

5. 自己的心理狀態

不一定非要出色的對象出現才會墜入愛河，有時本身的心理狀態也是原因之一。在一定的興奮狀態（心情好）下，人會自然地想和某人戀愛。此外，想與某人在一起的心情，稱為「親和需求」（Need for Affiliation）。情緒不穩時，親和需求就越強烈。

6. 社會背景與周遭環境

升上高中或進入大學後，漸漸地周遭朋友有了情人。在這樣的環境中，自己也會想交男（女）朋友，好好談一場戀愛。這是同調行動的一種。當周遭越來越多的朋友在談戀愛，這種同調行動便逐漸演變成強迫觀念，不斷迫使自己一定要找到情人。因此選擇對象的條件會下降，也就較容易發展出戀情。

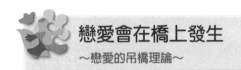
　　戀愛會在各式各樣的場所發生。雖然戀愛看似與場所無關，其實有個地方對催生戀情很有效，那就是令人腳軟的高處。

　　在戀愛心理學領域有一項相當著名的實驗。加拿大心理學家達頓（Dutton）及亞隆（Aron）分別在兩座橋上進行問卷實驗。一座橋是架在山谷中離地數十公尺高的搖晃吊橋，另一座則是在淺淺小河上的堅固橋樑。女性助理在 18 ～ 35 歲男子過橋時，請他們協助填寫問卷，並留給他們電話號碼，以便在意問卷結果的人可以來電詢問。幾天後，在吊橋上填寫問卷的男士們聯絡女性助理的占壓倒性多數。他們都藉口想知道問卷結果，向女性助理提出邀約。

　　為什麼經過吊橋的男性會有這樣的行為呢？那是因為他們將經過吊橋的緊張感誤認為戀愛的心跳加速現象了。這就稱為「吊橋理論」或「戀愛吊橋理論」。

　　也就是說，只要善用這種心理效應，就能促進戀愛的發展。帶喜歡的人到高處，共享心跳加速的感覺，有助於戀情加溫。如果執行起來有困難，搭雲霄飛車也是不錯的選擇。更簡單一點，就是一起觀看恐怖片。據說美國的年輕情侶常一起看恐怖電影，因為他們知道這樣能增進彼此的感情。看來美國的年輕人很懂得利用心理學呢！

一見鍾情的心理學
～思考第一眼就愛上對方的戀情可信度～

世上再沒有哪句話比「一見鍾情」更美了。第一眼就愛上對方的心情，實在既浪漫又夢幻。至於雙方都一見鍾情的情況，更是早已跨越偶然的領域，晉升到神祕的境界了。

事實上，目前仍無法完全說明一見鍾情如何發生。會不會一見鍾情也是因人而異，有人經常一見鍾情，有人卻從無這樣的經驗。令人驚訝的是，因為一生唯一一次一見鍾情就與對方結婚的例子，其實相當多。為什麼會有一見鍾情的現象呢？以下將與各位分享幾項假設。

從認知心理學的觀點來看，若有誰的眼睛、嘴巴、鼻子等五官和自己相似，就會不自覺地對他產生親切感，並萌生戀愛的感覺。因為對方與自己長得像，照理說會不斷地看，因此產生安心感也很正常。另一種假設則認為，人們會從與自己分屬不同免疫類型的人身上感受到某種傳導物質，進而產生戀愛的感覺。追求自己沒有的免疫類型，在生物學上確實有理可循，但有趣的是，前者是追求與自己相似的人，後者則是追求完全不同的人。

近來出現的另一種假設指出，一見鍾情是大腦能一瞬間看穿結論的「適應性無意識」作用的結果。這與直覺不一樣，是人類擁有的瞬間判斷力，且任何人都擁有瞬間看穿事物本質的能力。我認為容易墜入愛河的人可能適應性無意識沒那麼強，但一生只有一次一見鍾情的人，倒是很有可能在轉瞬間找到自己的真命天子（女）。一見鍾情不光是一時的情感，或許也是戀愛的本質。

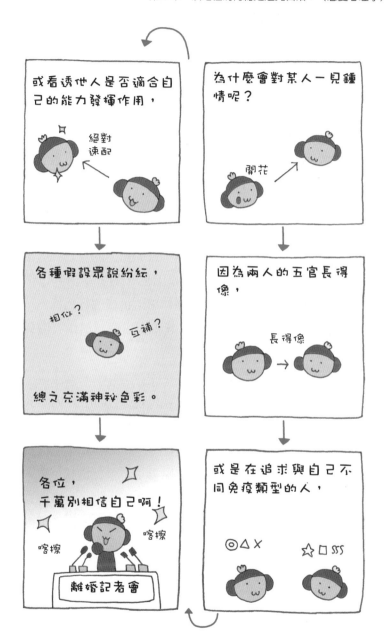

如何縮短與對方的距離
～敞開心房自我揭露～

平日只是閒聊幾句的男女，卻在某一瞬間墜入愛河。或是交往不久的兩人，因為某件事促成感情更進一步。會產生這樣的情形，主要是因為自己敞開心房，與對方分享重要的心事。例如說出從未對人說過的祕密、家裡的問題，或是絕對不可告訴他人的資訊等。這種行為稱為「自我揭露」（Self-disclosure）或「自我開放」，說聽雙方都會覺得自己與對方更親近了。自我揭露是用於親近的人身上，但也有聽到對方自我揭露後，反而覺得自己與對方很親近的情況發生。有趣的是，聽完對方的自我揭露後，聽者也會做出同等的自我揭露。這是因為「對方都講到這種程度了，我也要講講自己的事」的心理作用。這樣的行為稱為「自我揭露的回報性」。女性尤其會將自我揭露當成建構兩人關係的工具，男性較少這麼做。

與自我揭露類似的字詞是「自我呈現」（Self-presentation）。自我呈現是意識到他人眼中的自己後，盡力成為對方希望的模樣。也就是有企圖地改變自己。中村教授於 1986 年進行一項實驗，分別用自豪與自謙的話語對實驗參加者進行自我呈現，藉以調查好感的變化。在事先準備的多種版本腳本裡，自豪與自謙的話語各占不同的比例。實驗結果證明，受驗者最喜歡自豪內容占 60 ％的腳本。也就是說，太多自豪或自謙的內容較不受歡迎。

第一印象果然重要
～決定第一印象的「首因效應」～

　　對兩人的相識來說，「第一印象」相當重要。或許很多女性會說：「我不用第一印象評判人。」但第一印象在對人評價上占非常大的比重。

　　接下來要進行一項實驗。請各位靜下心來聆聽以下兩則人物介紹。

　　A 是任職 A 貿易公司的 28 歲男性。同事都稱讚他勤勞又認真，雖然沒毅力是他的缺點，卻深得部下信賴。

　　B 是任職於 B 貿易公司的 28 歲男性，缺點就是沒毅力。同事都稱讚他勤勞又認真。他也深得部下信賴。

　　好了，請問各位對哪一位有好感呢？由於基本上說的是相同的內容，應該沒有太大的差別。但大家是不是覺得 B 給人「沒毅力」的印象特別深？這兩則介紹文裡，只有「沒毅力」出現的位置不一樣，卻帶來全然不同的結果。這種情形稱為「首因效應」（Primacy effect），也就是最先出現的內容決定整體印象的心理效應。

　　由於這類最先接收到的資訊非常重要，所以面對初次相見的人若不注意自己的言行，對方可能對你不會有太好的評價。第一印象非常重要。

見面越多次越喜歡對方
～單純曝光效應、接近性因素、熟悉性法則～

　　在第二章曾提到「個人空間」這種特殊的空間。此空間的存在其實相當自我而任性，雖不希望沒好感的人進入這空間，卻歡迎喜愛的異性。然而有趣的是，不喜歡的對象在這個空間待久了，也會逐漸對他萌生好感。這就稱為「單純曝光效應」（Mere exposure effect）。此外，人們也會對越靠近自己的對象產生好感，這稱為「接近性因素」（Factor of proximity）。例如在學校或公司等座位固定的場所，人們容易對坐在附近的異性有好感。而隨著對對方的了解越來越多，好感也會跟著增加，這就是「熟悉性法則」。這三種心理效應可說是戀愛的王道。

　　然而一旦拒絕反應太強，這些心理效應也會有反作用。若被拒絕後還覺得該賴在對方身邊不走，反而會讓對方厭惡的情感更加強烈。

　　另一方面，如果彼此相隔遙遠又常無法見面，再熱的心都會冷卻。男女之間的物理距離一旦拉遠，心也會越離越遠，這就是「伯薩德法則」（Bossard's law），也就是所謂「戀愛與距離成反比的法則」。美國心理學家伯薩德（Bossard）針對5千對訂婚夫妻進行調查，發現男女雙方若住處離得越遠，越難締結良緣。在羅密歐與茱麗葉效應下，阻礙雖然能加深兩人的感情，但距離似乎是一種相當難以跨越的阻礙。

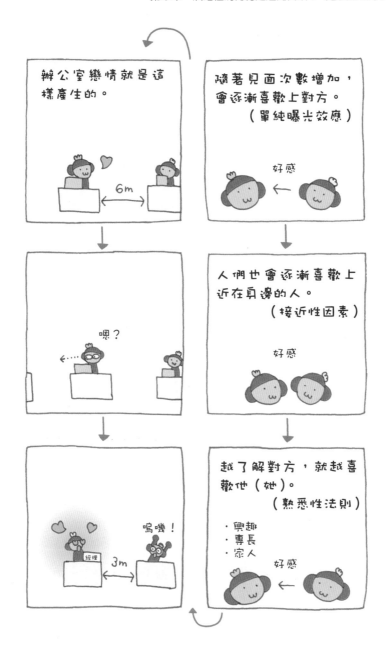

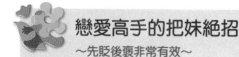

戀愛高手的把妹絕招
～先貶後褒非常有效～

　　某位人稱「戀愛高手」的男子，個性強悍，對戀愛卻很有一套。為什麼他這樣厲害？因為他不同於一般吊兒郎當的男人，不會對女性當面稱讚。他總是冷淡地對女性說：「妳的妝化得太濃了！」盡說否定的話。然而他畢竟是溫柔的男人，事後會覺得自己不對，便補上兩句：「妳長得那麼漂亮，別化那麼濃的妝啦！」最後，女性卻受他稱讚了。這是什麼現象？首先，請各位看下列的文章，並在看完後思考哪一項最讓人印象深刻。

　　・從開始到最後都不停稱讚
　　・一開始稱讚，後來貶抑
　　・一開始貶抑，後來稱讚
　　・從開始到最後都貶抑

　　事實上，最讓人留下好印象的應該是「一開始貶抑，後來稱讚」的稱讚方式。人一旦遭貶抑，自尊心一定會受傷；後來再受稱讚，低落的心情便從谷底爬升，會覺得非常高興。這是稱讚女性相當有效的方法。最要不得的是「先稱讚再貶抑」這種方式，會讓人倍感沮喪。不過若是貶抑與稱讚的落差不大，或是因為說法、用法的關係，使得最初的稱讚形成具有「首因效應」的第一印象，之後再貶抑，對方的心情也不會變差。同樣地，若是使用「一開始貶抑，後來稱讚」的方法，但未在最初拉大與貶抑的差距，也不會有太大的效果。

酒吧裡為何總是燈光昏暗？
～存在黑暗中的戀愛機會～

　　櫃臺照明昏暗，加上老闆長相有些可怕的酒吧，總讓人裹足不前。但那裡卻是成熟大人小酌一杯的絕佳場所。為何酒吧內的燈光如此昏暗？其實有多項原因。包括人類在內的大部分生物都有注意光亮處的習慣，所以只要光線昏暗，阻擋外來的資訊干擾，人們就能放鬆地享受飲酒的樂趣。

　　當然，原因不僅如此而已。這種昏暗的燈光，也有助於男女情話綿綿。心理學家格根（K. J. Gergen）曾調查男女在明亮房間與昏暗房間內，他們的行為分別有什麼樣的變化。結果發現，在昏暗房間內，男女身體會緊貼，親密感也急速增強。所以燈光昏暗有助於男女變得更親近。此外，人喝了酒後眼睛的辨識度會變差，男性較容易覺得女性比實際更美麗；再加上昏暗的光線，效果更大。再者，酒吧也是男性向女性展露品味的演出布景。女性如果說：「帶我去你常去的酒吧。」不但能刺激男性的自尊心，也能讓自己在那裡看起來更美，真是一箭雙雕之計。在酒吧裡兩人雖有可能面對面坐著，但絕對是緊鄰而坐。彼此距離不過70～80公分，早已進入對方的個人空間內。在對方的個人空間裡待久了，就容易發展出戀情。

　　美國西部開拓時期，酒吧裡的酒是依客人需要秤重販售。但因喝醉的客人常擅自舀酒桶裡的酒來喝，所以座位和酒桶之間便擺了一根橫木（Bar）。這根橫木後來就演變成現在的櫃臺了。也就是說，櫃臺是為了壓抑想喝酒的心情，並將對酒的思念放在心上的人而設置。

飯店的酒吧為何多設在最頂樓？
~這裡簡直是談戀愛最棒的空間~

　　大多數的酒吧都設在地下室，但也有的位於飯店最頂樓。這是戀愛心理學家長年來的疑問。然而經過多數心理學家的奮鬥，這疑問的真相終於快揭曉了。從都會區的酒吧向外望見的夜景，確實美麗。人在心情好時，都會對身邊的人事物產生好印象。邊享用美酒佳餚，邊欣賞夜景，更能大大提升這效果。兩人便能在身體緊鄰的空間裡，一同欣賞美好的景色、品嚐美味的食物，共享美妙的氣氛。而昏暗的飯店酒吧，也是拉近彼此關係的最佳空間。此外，要創造絕佳的店內氣氛，顧客的層次相當重要。由於飯店會有外國旅客入住，在飯店的酒吧內見到外國人也就不足為奇。奇妙的是，光是酒吧有外國人光顧這點，就能一口氣替店內氣氛大幅加分，比任何裝潢都有效。

　　如果是男性讀者，希望你在這時機靈地加句讚美的話。某位人稱「戀愛的尤達大師」的戀愛高手，他長得不高，外表也稱不上俊美。好幾次約會到尾聲時，他都帶著女伴到飯店的酒吧。當女性說「夜景好美喔」時，他一定立刻接著說：「我覺得妳更美！」這一招對擄獲女性的芳心幾乎百發百中。不知不覺間，他手裡已握著飯店房間的鑰匙。他的手段猶如使用原力（超能力）般高超。因為酒吧在飯店最頂層，所以很容易就能將女伴帶到樓下的房間。這稱為「戀愛的淋浴效應」，奉勸女性多注意這類的情況。

戀愛也有理論。據曼士坦（(B. Murstein)的「SVR 理論」，兩個人從相遇到結婚共分 3 個階段。

S 階段：刺激階段（Stimulus）
接收對方的外表、行動、性格等刺激。

V 階段：價值階段（Value）
彼此的思考模式相似變得很重要。

R 階段：角色階段（Role）
扮演彼此應做的角色，相互補齊對方沒有的特點。

在相遇初期，外貌、行為與性格等占很大的分量。在接受外部刺激的階段裡，也包括從他人口中聽到的評論。兩人在歷經相遇進而交往後，便進入價值階段。此時期兩人一起行動的機會增多，興趣嗜好與價值觀相似是這階段的重點。接下來，隨著彼此的關係更進一步，不僅兩人的價值觀變得相似，也會開始扮演起彼此應有的角色。例如具支配性的女性和個性服從的男性、喜歡照顧人的女性和渴望被照顧的男性等。事實上，其他心理學家也主張互補性學說，亦即夫婦關係能持久不衰就是靠彼此互補。

總之，SVR 理論就是「被外貌和行動吸引而相識」、「相互認同彼此的價值觀而成為戀人」、「成為互補關係後結婚」這 3 個階段性的發展。不能修成正果結婚的情侶，或許是因為無法磨合成功的關係。至於在情人階段就分手的人，可能是無法認同彼此的價值觀。

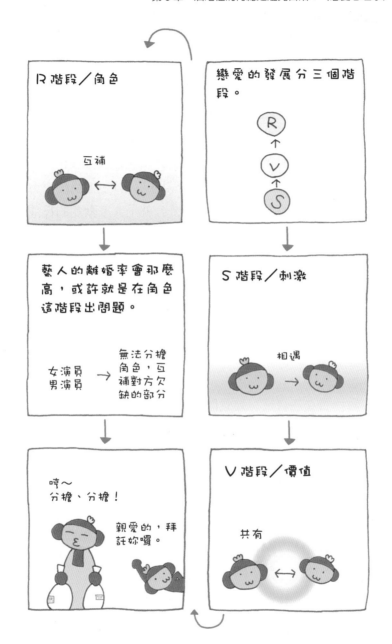

女性拘泥「59」的原因
～同調行動與男性喜歡的體型研究～

　　各業界都有其默認的尺寸。例如各企業的資料用紙都是 A4 大小，名片都是 91 mm × 55mm，罐裝果汁是 350ml，保特瓶是 500ml 等。模特兒界也有這類的尺寸規範。在模特兒的宣傳素材裡，每一位女性的腰圍都是 59 公分。在強調個性化已久的現代社會裡，不可能每個人的腰圍都是 59 公分。但為什麼會這樣呢？因為在模特兒界，腰圍 50 多公分就是大家默認的尺寸。即使實際腰圍是 63 或 65 公分，大家也寫 59 公分。這是「同調行動」作用下形成的結果。明知謊言可能被拆穿，還是不希望只有自己的腰圍與大家寫的不一樣。尤其是對自己沒自信的人，懼怕和別人不同的情形就越顯著，大多數女性對自己的體型都有自卑感，所以一扯到體型相關話題，大家都會採取同調行動。這是女性特有的心理作用。

　　為什麼女性會變得對腰圍 50 多那麼執著，原因並不清楚。或許是因為 50 多公分的腰圍較好看，也可能是因為她們的審美觀認為這就是完美的體型。有趣的是，心理學界也針對女性認為美麗的體型做了研究。在國外的一項實驗，針對男性喜愛的女性腰圍與臀部比例做了研究。結果男性以壓倒性多數認為腰圍：臀部的比例是 0.7：1。也就是說，腰圍 59 公分比上臀圍 84 公分。單純只有腰部纖細還不行，必須還配合臀部的尺寸才可以。因為男性對於這樣的比例可說是毫無招架之力。沒有男人光看到女性的尺寸就亢奮莫名（如果有就太可怕了），但只要接近這個超完美體型，或許就能吸引男性的心了。

第 4 章

知覺與記憶的
不可思議處
（認知心理學）

人類接收到的資訊 8 成以上是從眼睛獲得，
不料眼睛竟是最不值得信賴的感覺器官。在
這裡將介紹不可信賴的視覺、優異的聽覺等
有趣的效應，以及記憶的機制。

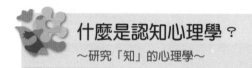

　　一般人常將「認知」解釋爲「看到」、「知道」，但心理學裡「認知」的意思有些不同。認知心理學包括知覺、記憶、思考、學習等一切「知」的領域，也就是研究人類在「看」、「聽」、「記憶」等機制的學問。由於這領域大量使用資訊工學的用語，理解起來也較困難。不過在此將盡可能用簡單易懂的表達方式讓大家理解。各位可能會覺得認知心理學較困難，但這領域可說是心理學裡十分有趣的部分。

　　認知心理學也應用在方便使用的電器產品、易操作的汽車，以及方便觀看的電視、電腦和手機的畫面等的開發研究上。同時它對視覺及聽覺有障礙的人提供的貢獻也備受期待。它也是對義眼開發有所助益，具有未來感的心理學。

　　現在讓我們試著思考認知心理學裡的記憶這部分，並請各位思考一個問題：人類瞬間能記憶的數字有幾個？4個嗎？還是可以記10個？根據米勒（G. A. Miller）的研究，人類短時間可記住的數字是7個，依個人情況有±2的差異。一般的電話號碼除區域號碼外，都是6～7碼，日本的手機號碼若不計入開頭的「090」、「080」，也是8碼。這是認知心理學裡人類在短時間內能記憶的數字數目最大限度。以「090-○○○○-○○○○」爲例，每4個數字一組，也是爲了方便大家記憶。如果只有單純的8個數字，一定會覺得很多很難記。所以手機號碼與電話號碼的碼數多寡，可是有學問的呢！

感覺功能的作用與特徵
～支撐知覺的五大感覺功能～

　　人使用眼睛、耳朵、鼻子等器官來獲取外界的資訊,再傳送到腦部判斷情況。研判這些資訊的動作就稱為「知覺」。人在獲得同樣的資訊後會做出一樣的行為,但有些人可能做出全然不同的行為。這裡將介紹知覺不可或缺的五種代表性感覺功能。

・視覺／光刺激視網膜的視細胞

　　在所有感覺中,接收最多資訊量的就是視覺。雖然每個人會有些許差距,但大部分的人有 8 成以上的事物認知來自於視覺。然而視覺卻是相當容易出錯的不可信賴感覺。

・聽覺／空氣震動從鼓膜傳達到內耳

　　聽覺是收集資訊量僅次於視覺的感官,但收集的資訊量卻還不到聽覺的 1/10。聽覺與視覺不同,能全方位收集外來的資訊,還有能鎖定距離與特定方向的功能,但仍與視覺一樣會出錯。

・觸覺／刺激皮膚上的感覺點

　　能收集直接接觸到皮膚的資訊,不像視覺與聽覺那樣容易出錯。指尖的觸感尤其敏銳。

・嗅覺／空氣中的粒子刺激鼻子的嗅細胞

　　嗅覺與記憶和精神的連結相當強,特定的臭味也會成為記憶的引信,舒服的香味則讓人心情放鬆。嗅覺是原始的感覺,所以人類的嗅覺比起動物遜色得多。

・味覺／刺激物刺激舌頭的味蕾

　　感覺功能中最弱的一項。它和本能的連結很強,許多人喜歡追求味覺的刺激。但只限於舌頭這個特地部位有味覺。

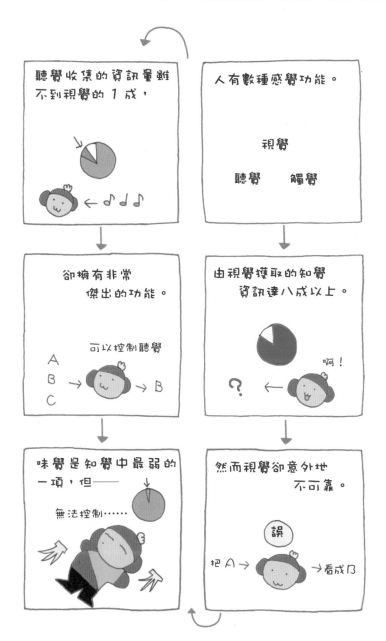

眼睛為何能漸漸習慣黑暗？
～暗適應與明適應～

　　晚上只要一關燈，房裡一片漆黑，就什麼都看不到，但慢慢地卻隱約能看到屋內的物體。在電影院等場所，剛進去時伸手不見五指，但漸漸地卻能看到座位在哪裡。這種眼睛習慣黑暗的現象，就稱爲暗適應（Dark adaptation）。相反地，如果從暗處走到亮處，會覺得刺眼而瞇起眼睛，片刻後才能習慣周遭的明亮，這就稱爲「明適應」（Bright adaptation）。所謂適應，是指感覺功能在面對刺激時發生改變，這是爲了因應環境的最適切變化。

　　明適應所需的應變時間短，暗適應則需較長的時間，這與視網膜內的色素體「視紫質」（Rhodopsin）的功能有關。此外，老年人暗適應的時間會拉長，敏感度也變弱，所以家有年長者的人切記不要突然關掉室內的燈，或讓室內一片黑暗。

　　因應暗適應與明適應的特性，有一處場所在構造上特別下工夫，那就是位在高速公路等地的隧道。一進入隧道後，周遭會變暗，出了隧道後又瞬間明亮，所以隧道內特地設置了照明設備。爲了讓眼睛能習慣明暗的變化，隧道入口附近和出口附近的照明尤其多。因爲藉由階段性的明暗變化，駕駛者的眼睛就不會有短暫失去功能的情況了。如果隧道內一片漆黑，多數駕駛者在進入隧道的瞬間就容易產生恐慌。以前因爲未設置照明設備，所以隧道內的事故特別多。據說昔日的駕駛者都是利用進入隧道前閉上一隻眼睛這種方式自行調節。

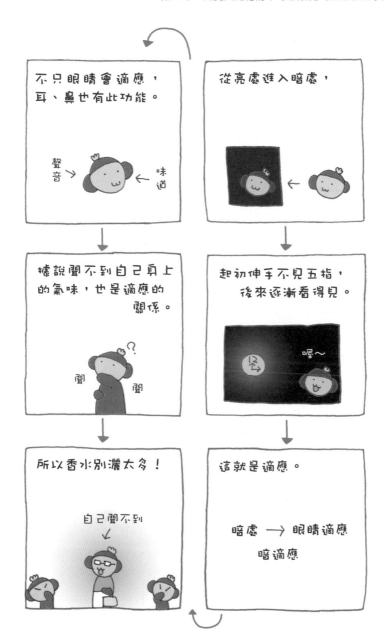

任誰都會迷惑的史楚普效應
～兩個資訊互相干擾的現象～

請大家做一個簡單的實驗。首先，唸一次下列的字。

藍　黃　紅　綠　藍　紅　綠　黃

接著，請說出下列的顏色。

我想這題應該如第一題一樣，很快就答出來了。接下來，希望大家唸出下列的顏色（不是文字，而是顏色）。

黃　綠　紅　藍　綠　紅　黃　藍

結果如何？是不是瞬間覺得有些混亂？像這種場合大腦必須同時處理兩種資訊，就會因為資訊互相干擾使反應變慢。據說這是因為唸單字的速度比辨認顏色的速度還快所造成。這稱為「史楚普效應」（Stroop effect），是以發現此現象的心理學家史楚普（J. R. Stroop）的名字命名。上述情形中，明明知道該回答文字的顏色，但唸著唸著卻不知不覺變成了文字本身。年紀越大的人，這種情況尤其嚴重。

複雜的大小恆常性

~距離感與大小~

　　請各位仔細看下圖。圖中有兩隻三本猿猴站在走廊上。相信大家一定覺得左側的圖沒什麼問題，右側的圖卻很奇怪吧？

　　在右側圖裡的兩隻猿猴，尺寸明顯不同，但若將右邊那隻猿猴放到稍遠處形成如左側的圖形，就不會覺得奇怪了。

　　這稱為「大小恆常性」（Size constancy）。只要對象物的距離發生變化，眼睛看到的物體大小當然也不同。然而人卻會自動修正視覺，推測實際的大小。尤其如人的身高、保特瓶的大小、車輛的大小等，在我們的印象中早有既定概念，所以會先基於這些資訊進行辨別。

　　這種恆常性的影響相當大。若人們將眼中看到的風景直接畫下，將畫不出正確比例的圖。所以畫風景畫前，得先了解這種恆常性才行。

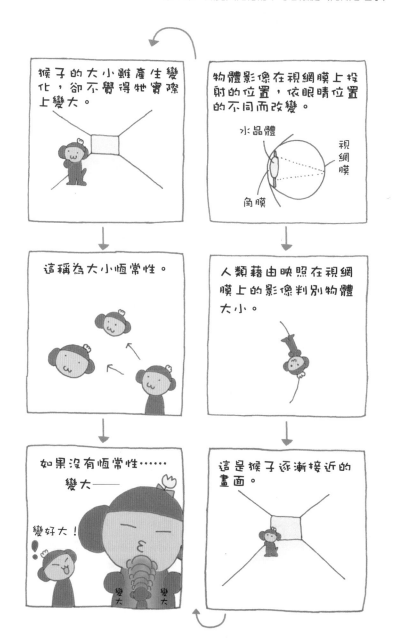

猴子的大小雖產生變化，卻不覺得牠實際上變大。

這稱為大小恆常性。

如果沒有恆常性……
變大——

變好大！

變大　變大

物體影像在視網膜上投射的位置，依眼睛位置的不同而改變。

水晶體
視網膜
角膜

人類藉由映照在視網膜上的影像判別物體大小。

這是猴子逐漸接近的畫面。

眼睛的錯覺：「錯視」①
～長度改變的直線／彎曲的直線～

　　我在前文曾說明過，常識與既定觀念會影響視覺，其實視覺也會產生錯覺。這在心理學稱為「錯視」。錯視的成因很多，但主要是自身擁有的資訊處理模式過於固定所致。

■繆勒利亞（Muller-Lyer）錯視

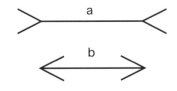

a圖與b圖中央的直線長度雖一樣，但會產生b圖的直線看起來較短的錯覺。

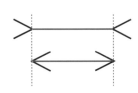

■鮑德溫（Baldwin）錯視

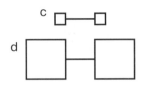

c圖與d圖中，分別有一條直線夾在兩個四角形間。但d圖的線看起來會覺得比c圖的線短。這是眼睛覺得c圖位在較遠處所產生的錯視。

■彭佐（Ponzo）錯視

在三角形內部置入兩條平行等長的直線後，會覺得上方的直線比下方的直線長。

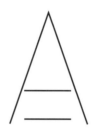

■傑魯那（Zollner）錯視

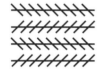

橫向的4條直線雖是平行，卻因斜線的影響，使得它們看起來有些偏差。

■赫林（Hering）錯視

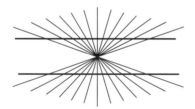

平行的兩條水平線，因為斜線的影響，使得中間看起來略微膨脹。

■海夫勒（Hefler）圖形

交叉的兩條直線因為背景的斜線影響，使兩條線看起來略彎曲。

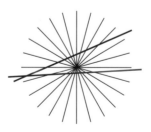

■歐比松（Orbison）錯視

圖中長方形的四個邊讓人有朝內側凹陷的錯覺。同心圓的數量越多，會更加強這效果，使長方形變形得更厲害。

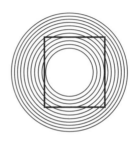

■波更得魯夫（Poggendorff）錯視

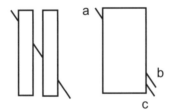

一旦用長方形擋住斜直線，就會覺得直線看起來是歪的。右側圖中的a看似與b相連，其實是與c連結。

■歐貝爾・康德（Oppel-Kundt）錯視

d和e之間的距離其實等同於e和f的距離，但因等距插入直線的關係，使得d與e的距離看起來較長。

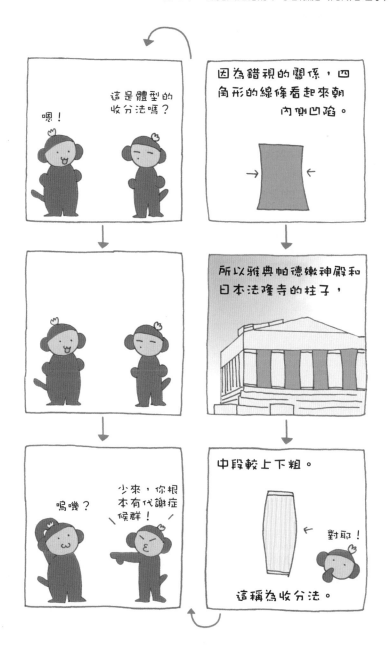

■底爾伯夫過大錯視（Delboeuf J.L.R.）

兩個粉紅色的圓明明一樣大，但因外側同心圓大小不同的關係，使得兩個圓的大小看起來也不一樣。被大同心圓圍住的粉紅色圓圈看起來比較小。

■艾賓浩斯（Ebbinghaus）錯視

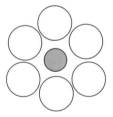

兩個橘色的圓明明一樣大，但被大圓包圍的橘色圓看起來較小，被小圓包圍的橘色圓看起比較大。

■斐克（Fick）錯視

a和b兩個長方形其實一樣大，但視覺上卻會覺得b看起來較長也較大。

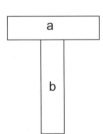

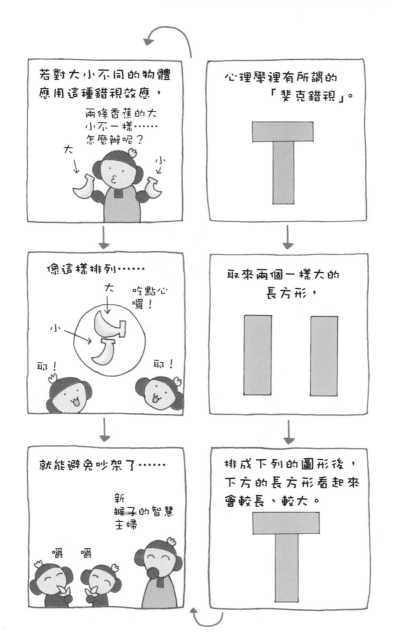

■色彩的對比效果

位在中央的灰色正方形，受到背景色的影響，顏色看起來會有較深或較淺的差別。

■馬赫帶（Mach bands）

兩種顏色相接的部分，會因鄰接顏色的影響，使得接觸較暗顏色的部分看起來較亮。

■霓虹效果

在縱線與橫線交錯處塗上淡淡的顏色，顏色就會像霓虹燈一樣模糊地擴散開來。

■棋盤格幻覺（E. H. Adelson錯視）

在此介紹一個強烈的錯視。請各位看下列的圖。一個圓柱的影子落在棋盤格上。各位乍看之下會認為這是一張很普通的圖，但圖中的A格和B格的顏色竟然一樣。

Edward H. Adelson

創造出這圖形的是美國麻省理工學院的愛德森教授。A與B的顏色為什麼看起來截然不同，色彩的對比效果是原因之一。因為B格被較暗的顏色環繞，所以會比實際的顏色亮。另一個原因是圓柱的陰影落在棋盤格上，人類的視覺便會以為影子範圍內的東西都是暗的。影子和不是影子的部分界線變得模糊不清，也會加深這個效果。

右圖的補助色線，是讓無論如何都不能接受A、B格同色的人信服而特別添上。這麼一來，大家應該相信人類的視覺是多麼不可信賴了吧！

接下來介紹視覺能自行推測並創造看不到的事物。在卡尼沙（Kanizsa）三角形裡，彷彿能看到圖中浮現一個三角形。由於大腦自行推斷會看不到後方的三角形是因為前方有障礙物，所以才創造出一個其實不存在的三角形。

■卡尼沙（Kanizsa）三角形

將缺口嵌入黑圓裡，與沒有底邊的三角形並排在一起後，不存在的三角形就會逐漸浮現。因為與黑圓的對比效果，使眼睛產生錯覺，創造了一個三角形。

■逐漸浮現的立方體

光憑紅圓上幾個不規則的圖案，圓與圓之間就會如卡尼沙三角形一樣，逐漸浮現一個不存在的立方體。

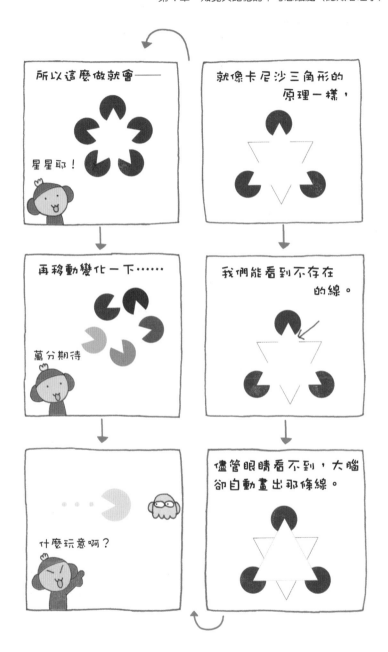

視覺、聽覺、味覺的錯覺
～不只影響視覺，錯覺也會迷惑其他感覺器官～

■受視覺影響的聽覺／麥格克效應

電視播放的影像嘴形是「ga」時，而聲音卻發「ba」這音，但是聽起來會像「da」。這是因為耳朵與眼睛接收到矛盾的資訊時，會以視覺優先的緣故。這是英國心理學家麥格克（McGurk）藉由實驗發現的效應。

■無限音階（Shepard tone）

階梯無限持續的錯視圖「Penrose」的音階版。也就是不斷聽著 Do、Re、Mi、Fa、So、La……這些音，會漸漸覺得音階無限往上升，是相當有趣的音階。英文是取發明者的名字來命名。

→想聽的人請上網搜尋「無限音階」！

■味道的對比效果

撒點鹽在西瓜上，吃時會覺得西瓜特別甜。這是因為鹹味強調了西瓜的甜味，形成味道的對比效果。相反地，鹽也有抑制效果。在苦瓜上撒點鹽，能抑制苦味。據說撒點鹽在容易有苦味和酸味的夏季橘子上，也能抑制苦味、強調甜味。

■舌頭沒有感覺辣的部位

大家都認為舌頭能感覺甜味和苦味，自然也能感覺辣味，但舌頭其實沒有辣味的感覺器。實際上辣味是一種痛覺，再搭配食物的風味與苦味等，就覺得舌頭嚐到了辣味。

儘管人類擁有優異的聽覺，卻總輸給不可靠的視覺。

聽　討厭　視

咚

電視上人物的嘴形是「ga」，聲音卻發「ba」，

聲音是「ba」　影像是「ga」

有口難言時……

那就用「ga」的嘴形來說「ba」看看……

則聽起來像「da」。

da da da da da

這稱為麥格克效應。

開除！　猴子

バーカ*

咦?

總經理

因為大腦以視覺所接收的資訊優先，

眼見 ga　耳聞 ba

＊日文「笨蛋」之意。
　讀音為 BaGa。

人為什麼能分辨臉？
～人臉辨識的研究～

　　前文多次提到，人類的視覺與辨識功能並不可靠，但其實還是有相當優秀的部分，就是視覺的人臉辨識功能。

　　我們在看到一張臉的瞬間，就能分辨出對方是否為認識的人。這必須在短時間內統整臉上的眼睛、鼻子、嘴巴、輪廓等資訊進行判斷，可說是一種極度複雜且優異的功能。雖不清楚這項功能的詳細機制，但根據某種說法，因為人們從經驗中學會什麼是「一般性的臉」，並以此當作判斷標準，無意識地在腦中儲存了 A 先生的眼睛較小、嘴巴較大等資訊。別具特色的臉會因差異較大而容易記憶，如果是大眾化的臉，也會設法找出特徵以便記住。由於對外國人的臉相關資訊不多，所以要記住外國人的臉較困難。

　　然而，2008 年 1 月，日本科學技術振興機構（JST）卻發表一份研究報告，提出小猴子一出生就擁有辨識臉部能力的說法。出生至長大期間從未看過其他「臉」的猴子，給牠看人與猴子的「臉部照片」以及臉以外的其他物體照片，結果發現第一次看到臉部照片的猴子竟擁有辨認臉部的優秀能力。

　　人類嬰兒能立刻記住人的臉，不只是因為嬰兒的記憶力好，可能還和猴子一樣擁有與生俱來的臉部辨識能力。臉部辨識功能雖然複雜卻相當有趣。期待今後有更多的研究解開其中奧妙。

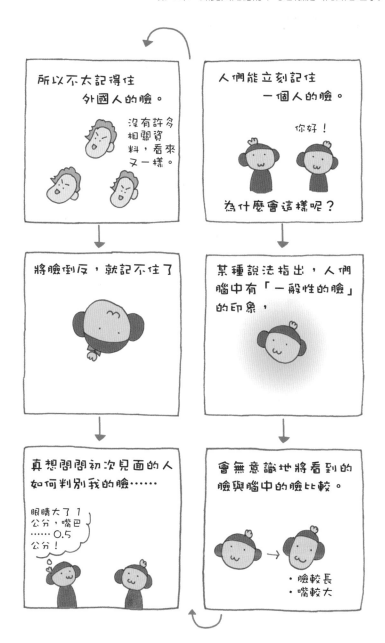

什麼是雞尾酒會現象？
只聽得到想聽的聲音的心理～

　　聲音是空氣的震動，耳朵則是擷取這些震動轉換成神經信號的感覺器官，然後大腦會將神經訊號加以辨識成有意義的聲音。世上充斥著各式各樣的聲音，人類的聽覺卻能出色地從雜亂的聲音中挑出自己想聽的話。例如在宴會中，眾人談論著不同的話題，我們卻能自然聽到其中有關自己的事。這就稱爲「雞尾酒會現象」。參加雞尾酒會的人閒聊著各種話題，自己卻能從中挑出想聽的話，因而用以命名。

　　錄下派對現場的聲音然後播放，會發現其中充滿了各種雜音以及空調聲、咳嗽聲、笑聲等，吵雜到幾乎聽不見與會的人在說什麼。然而人們的耳朵卻擁有聲音的挑選功能，能從中選出必要的聲音加以處理，並阻隔不必要的聲音。

　　聲音還有一個相當有趣的特性。在公司等場所，當空調開著時不會察覺，但關掉空調的瞬間，會突然聽到會議室裡的對話聲或時鐘的滴答聲。這是因爲空調聲使其他聲音難以讓人聽到的關係，稱爲「遮蔽效應」（Masking effect）。以前要遮蔽聲音，都會利用有隔音處理功能的設備，但近來部分企業會利用空調這樣的微弱聲音，來避免會議室裡的對話讓外人聽到，這是巧妙使用遮蔽效應的例子。有些場所播放背景音樂（BGM），不只是讓人覺得放鬆，還包括消除其他雜音的效果。

記憶的機制
～直到現在仍未明白的不可思議系統～

　　重要人士的名字無論如何都想不起來，卻能輕易想起幾天前的無聊對話。記憶雖是非常重要的功能，卻仍未有人真正解開其中的奧妙。阿特金森（Atkinson）和希福林（Shiffrin）主張，人的記憶是由短期記憶和長期記憶組成。記憶的結構是：形成短期記憶前，感覺器官會將接收到的資訊先保存下來成為感覺記憶，因此記憶共分為三個階段。

・感覺記憶

　　眼睛、鼻子、皮膚等感覺器官收集到的資訊僅有一瞬間的記憶，最後就會被抹除而消失。少了這種抹除功能的人，連現在接觸的地板及地面的感覺都會一一記住，就難以正常生活。在無數的資訊中選出有意義的項目後，再送到短期記憶儲存。

・短期記憶

　　會被暫時儲存的記憶。短期記憶的容量約莫是 7 ± 2 個文字，如果是有意義的事，或記憶的負荷減少，就能多記一些。這類記憶停留在腦中的時間也很短，大約 20 秒內就會忘記。不斷反覆存在這裡的記憶，就會變成具有強烈意義，形成長期記憶。

・長期記憶

　　就是一般稱為「記憶」的資訊。儲存在這裡的資訊不太會忘記，但會隨著時間經過而內容變得越來越模糊。通常儲存在大腦深處的記憶若沒有某個契機引發，就不可能想起來。有一種說法指出這與睡眠有關。

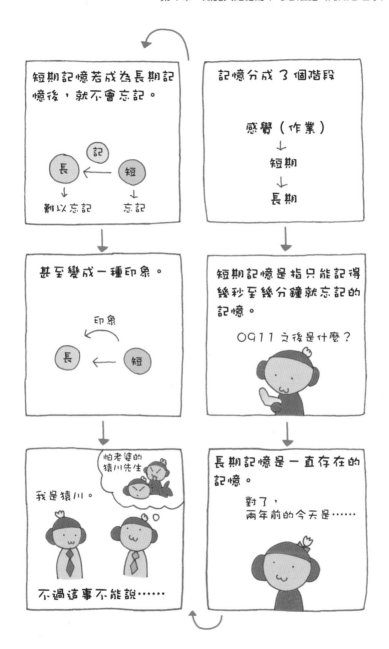

如何鍛鍊記憶力？
～提升記憶力的技巧～

人生有許多不得不靠記憶的場合，例如考試與考證照就是最佳的例子。擁有絕佳的記憶力，在工作上也會相當便利。人活在世上，鍛鍊記憶力是件非常重要的事。接下來將介紹幾個提升記憶力的妙招。

・重複相當重要

短期記憶必須藉由重複行為才能形成長期記憶，也就是說，不斷重複資訊十分重要。不過單純的重複並沒有太大的意義，必須以「記憶」為前提不斷重複才行。例如要記住 10 個公式，相較於每個公式重複唸 5 遍，不如將 10 個公式歸為一組並重複 5 遍來得有效。要記人名時，在心裡重複唸幾遍會比較容易記住。若是再加上視覺的印象，如「像猴子般的○先生」這類的形容，效果會更好。

・數字的記憶法

數字這類單純的資訊，一下子就會忘記。所以要記住較長的數字時，以每 4 個字歸為一組加以分組記憶，比較容易記住。當然，比起單純地記憶，附上意義的記憶方式更不容易忘掉。根據貝格華德法，以 1 ＝飛機、 2 ＝俄羅斯、 3 ＝富士山等將文字轉化成影像記下來。

・數字化記憶

各位應該遭遇過突然與人約定「週二下午 5 點」見面的情況吧？如果無法當場拿筆記下來，不免擔心到時會不會忘記。這時可以將週一到週六轉換成數字 1 ～ 6，以「217」（下午 5 點＝ 17 點）的方式記憶，就較不容易忘記。

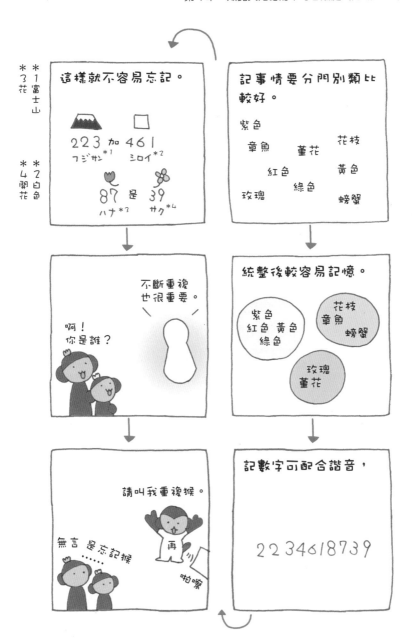

為什麼沒有幼年的記憶？
～不可思議的記憶機制～

　　仔細想想，你可以回溯到幾歲時的記憶？大部分的人應該都是 4、5 歲，也有人是 3 歲左右。為什麼會這樣呢？

　　是因為幼年時記憶較差？不，並不是這樣。多位心理學家經由實驗證明，嬰兒的記憶力相當好。所以嬰兒進入幼兒期時，才會一口氣學會說很多話。人們一生需要的諸多資訊，大部分都是在此時期學會。

　　這時期接收到的資訊，似乎無法長期留在記憶中，其實是因為長期記憶系統功能還不健全的關係。儘管有人認為，自己能記得 2、3 歲時發生的事，但那些大部分都是片段且不正確。

　　人到 4 歲左右，認知功能才急速發展，逐漸認識自己的內心世界。這時期的孩子才開始理解記憶是什麼，也慢慢會使用「記得」、「忘記」等有關記憶的字眼。長期記憶系統在這段期間也有長足的進步，所以才會說大人擁有的孩提時代記憶，多是從 3～4 歲開始。

　　對人類而言，「記憶」雖然重要，但我認為「忘記」也是不可或缺的行為。如果人們始終都無法忘掉討厭的經驗，內心的創傷一定多不勝數，且需懷著無比的痛苦過生活。人的記憶系統會忘卻不好的回憶遠勝過美好的回憶。

第 5 章

各種心理學
（產業、發展、犯罪、色彩心理學等）

心理學活用於各式各樣的領域中。本章將介紹不同領域使用的心理學，並舉出許多意外卻有趣的小故事為大家進行解說。

產業心理學
～零頭價格 1、9、8／週四較多意外事故～

　　產業心理學是研究處在產業社會裡的人類行為心理的學問，也可視為社會心理學的一環。針對疲勞與工作時間、人類與機械、事故與安全等的研究，都是為了使企業內部的組織效能發揮得淋漓盡致，並創造效率高的環境。此外，也會分析廣告對公司帶來的影響，以及消費者意志決定的機制，其研究觸角甚至廣及市場學。

■充滿魅力的尾數價格 1、9、8

　　4980 元的商品若定價為 5 千元，會給人高價的印象，但少掉區區 20 元，就給人只有 4 千多元的感覺。其實折扣率不過 0.4％。這種尾數價格可說是世界標準，但國外常是用如 1.99 美元這樣尾數使用 9。雖不清楚為何在日本用 8，但應該是 9 容易給人一種極限的印象，所以日本人才喜歡用前一位的「8」吧！藉由尾數的表現方式，也可一窺日本人的文化。附帶一提，近來的商品打折常會用 59％這種逆尾數的表現方式。

■週四較多意外事故

　　儘管此點會因產業不同而有出入，但大部分企業都是在週四這天發生最多事故。根據某地的整備局建設勞動災害數據顯示，週四的事故率比其他上班日平均高了 2.03 倍。週一是一週工作的開始，自然會比較緊張；相對地，週五是一週最後一天上班日，也會打起精神工作。所以週五前一天的週四，就會因為疲憊和鬆懈容易發生危險。

發展心理學
~人類其實想在母體內留久些？／么子愛撒嬌~

　　這門心理學是研究人類發展過程及各發展階段的行為差異。主要是以兒童的發展過程為主要研究目標，但也包括老年期的研究，範圍涵蓋整個成長過程。例如就認知而言，會研究數字概念是何時開始形成；就感情而言，則會研究親子和情感關係會對心理發展造成什麼影響。

■人類其實想在母體內留久些？

　　馬和山羊等動物的幼獸在誕生後立刻就會站立，袋鼠的嬰兒也會自己鑽進母親的育兒袋裡，但人類的嬰兒出生後，非但不會站，眼睛和耳朵也還沒完全發育好。所以便出現一種說法，認為人類出生後一年左右急速的成長是否原本該發生於母親體內。瑞士生物學家波特曼（A. Portmann）稱為「生理的早產」。他認為對人類而言，最重要的器官似乎是「腦」，所以腦部盡量變大的結果，手腳便呈未發展完全的狀態誕生於人世。

■么子愛撒嬌

　　兄弟姐妹因出生順序不同，個性也會不一樣。長男長女對大多數的父母而言都是第一個孩子，所以父母常會要求他們要認真努力、刻苦耐勞，結果長男長女大多擁有穩重的個性。相反地，么子么女因為父母已經習慣育兒，反而能悠閒地成長，所以多變成愛撒嬌的人。許多么子么女的喜好都很明顯，這也與成長背景有關。

犯罪心理學①
～藍色防犯燈能抑制犯罪／模仿犯的心理～

犯罪心理學是以撲滅及抑制犯罪、改善犯罪者的人格為目的，對犯罪者與犯罪行為進行研究的心理學。犯罪者為何犯案的心路歷程以及與行為、環境等因素的關連，還有未成年者的犯罪與不良行為心理、犯罪與社會學等，都包括在此範疇中，是廣泛對犯罪進行研究與調查的學問。

■藍色防犯燈能抑制犯罪

英國北部某城市的購物街將橘色街燈換成藍色街燈後，犯罪率明顯減少。這是因為藍色的街燈光線在夜晚能傳到很遠，加上它具有抑制本能衝動的心理效果，所以能抑制犯罪。日本奈良縣的警察本部最先引入藍色防犯燈，設置一年期間的數據指出，整天的犯罪率比設置前少了約 15 ％，夜間犯罪率少了 9 ％左右。

■模仿犯的心理

當電視新聞報導某一犯罪事件後，接著就發生類似的犯罪。這是有人看了新聞報導後得知犯人尚未被逮捕，便模仿該事件犯案。此外，有些模仿犯認為自己會做得更完美，想與犯人對抗，才模仿他犯罪。前者最明顯的例子就是「轉帳詐欺」，後者則如「散播電腦病毒」。尤其是散播電腦病毒這類需要高度技術的犯罪，更能滿足自我表現欲，犯罪率也逐步升高。

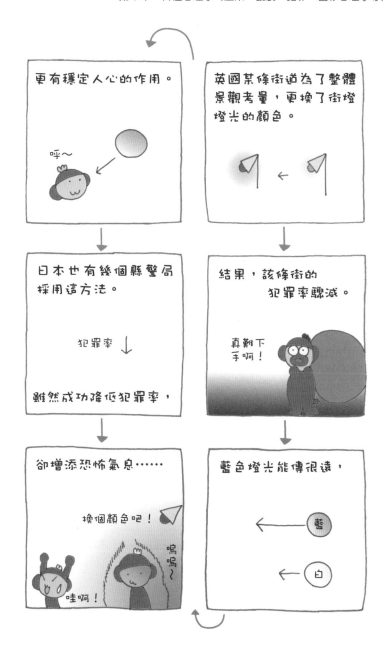

更有穩定人心的作用。

呼～

英國某條街道為了整體景觀考量，更換了街燈燈光的顏色。

日本也有幾個縣警局採用這方法。

犯罪率↓

雖然成功降低犯罪率，

結果，該條街的犯罪率驟減。

真難下手啊！

卻增添恐怖氣息……

換個顏色吧！

嗚嗚～

哇啊！

藍色燈光能傳很遠，

藍

白

■破窗理論

1969 年，心理學家辛巴杜（P. Zimbardo）藉由一項人類行為特性實驗得出以下結果。在貧困的紐約布朗克斯區，放一輛拆除車牌、引擎蓋打開的車輛。10 分鐘後，電瓶就被偷走；24 小時後，車內所有有價值的配件都被竊取一空。但是將一輛條件一模一樣的車停在中產階級聚集的加州地區，即使過了一週，也沒人對那輛車動歪腦筋。然而若將該車的部分車窗敲破，掠奪立刻就展開了。

另一個例子是某棟大樓的窗戶破了卻遲遲未修理，周遭的人便認為該大樓無人管理，開始胡亂在大樓塗鴉、弄亂內部設施，使整棟大樓變成犯罪的溫床。若對輕微的犯罪置之不理，該地區遲早會被犯罪攻陷。

為了抑制層出不窮的犯罪，紐約交通局便以這理論為基礎，花了 5 年時間將地下鐵內的所有塗鴉全數除去，暴力犯罪事件果真大幅減少。1994 年，紐約市長朱利安諾參考地下鐵的成功例子，加強取締輕微犯罪，成功降低犯罪率，替紐約洗清了自 1980 到 1990 年代為美國最大犯罪都市的汙名。

在日本，為了整治札幌薄野地區的治安，於是嚴格取締違規停車及輕微犯罪，結果暴力犯罪事件便隨之減少。

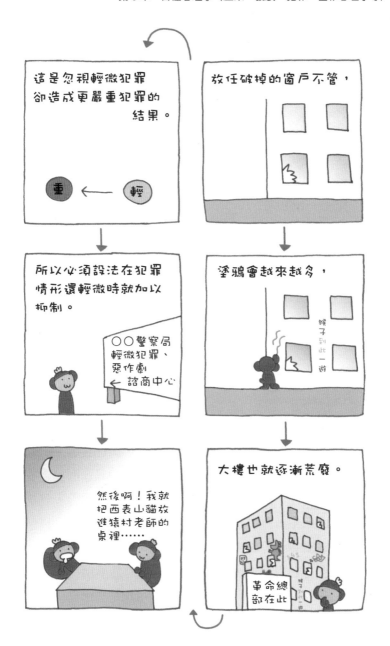

色彩具有不可思議的心理效果。例如影響各種感官的判斷，使時間感錯亂、對物體的重量判斷產生誤差、體感溫度改變、所見物體的大小與真實有出入等。許多企業的商品策略，就是活用這些效果來強化商品的特性。此外，在抑制犯罪或醫院等，也會利用來達到所需目的。色彩心理學可說是相當受矚目的領域。

■車輛顏色和事故率的關係

根據國外的數據顯示，藍色車輛的事故率較高。可能是因為藍色屬於後退色，使它看起來比實際距離還要遠的關係。所以車輛行經十字路口時，駕駛者容易對藍色來車的位置出現誤判，因而發生意外。儘管發生事故是綜合了許多原因，不能單就顏色以偏概全，但還是希望大家記住藍色車輛其實比眼睛看到的距離還來得近。

■印象與產品色彩

印象與商品的關係可說是密不可分。例如在日本，一般人心中「鋼琴是黑色的」這印象相當強烈，但無論是在歷史上或世界各地，黑色都非一般的顏色。鋼琴基本上都是木頭色，會讓人有都是黑色的印象，應該是受到黑色平台式鋼琴的影響。黑色平台式鋼琴多在演奏會等場合才出現，據說是為了配合演奏者身上穿的燕尾服。黑色在日本象徵「高級感」，是最愛用在商品上的顏色。所以黑色鋼琴會在日本如此普及，可能是崇尚高級的家庭想將它當成室內裝潢之一的關係。

在色彩心理學的研究裡，最有趣的莫過於顏色偏好與性格的關係了。目前有許多色彩心理學者對此進行研究，色彩心理學也在各種不同的溝通場合發揮功效。在此將以多位學者的研究成果為準，簡單介紹色彩心理學。

■喜愛黑色的人

大略分為兩種類型。常使用黑色的人，性格通常十分幹練，善於支使他人。另一方面，逃避黑色的人其實很在意他人眼光，也很希望自己看起來既高貴又神祕。

■喜愛白色的人

大略分為兩種類型。喜愛白色的人抱有很高的理想，會訂立目標並努力達成，多屬於完美主義者。憧憬白色的人則希望受人矚目，卻不愛出風頭。

■喜愛灰色的人

多是幹練並擁有準確判斷力的人，善於鼓勵他人，也擅長維持協調的感覺。此外，懂得設法減輕壓力，渴望過安穩的生活。

■喜愛紅色的人

喜歡個性外向的人。充滿活力與行動力，會非常直接將心裡想的事說出口。正義感強烈，是相當有魅力的人。

■喜愛粉紅色的人

大多在富裕家庭中長大，是個性溫柔的人。渴望美滿的婚姻與家庭。據說女性只要談戀愛就會喜歡粉紅色。

■喜愛藍色的人

充滿知性與感性的人。性格基本上極認真、協調性高，且深謀遠慮。喜愛明亮藍色的人，藝術品味卓越，也善於表現自己。喜愛深藍色的人，會從事需要堅決意志下判斷的工作。

■喜愛黃色的人

好奇心強，熱中研究。大多擁有獨樹一格的個性，也常是團體中的核心人物。擅長提出與眾不同的新奇想法，是理想主義者，但也容易喜新厭舊。

■喜愛綠色的人

社會意識高的和平主義者。彬彬有禮且坦率。儘管擅長社交卻不太容易相信他人。好奇心旺盛，卻喜歡別人邀自己遠勝過自己率先行動。

■喜愛青綠色的人

是注重協調感的人。性格都會化又幹練，待人待己都很嚴格。不太聽他人的意見，總是我行我素。

■喜愛橘色的人

行動力強，但本身卻不認為自己是充滿活力的人。競爭意識強，不服輸，喜怒哀樂明顯。而且注意力集中，一旦決定做什麼就貫徹到底。

■喜愛紫色的人

因為這是熱情的紅色與冷靜的藍色混合而成的顏色，所以喜愛這顏色的通常是極有個性的人，富有藝術氣息，充滿表演能力，直覺很強。因為是高度感性的人，所以不太喜歡與人接觸。

■喜歡棕色的人

表面上是不受影響的純粹精神實質主義者，其實是心胸寬闊、樂於助人的好人。多從事與自然界有關的工作。

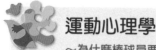

運動心理學
～為什麼棒球員要圍成一圈？／守門員的壓力～

　　運動依類別不同，受心理的影響也不同。運動心理學是為了提升選手的成績而對各項心理效應進行研究。例如柔道與拳擊等分不同量級的運動，減重成為選手很大的壓力，思考減重的心理效應，也是運動心理學的範圍。不過近來運動心理學不只研究運動選手，連一般人的心理效應也予以研究。

■為什麼棒球員要圍成一圈？
　　在棒球、橄欖球、排球等比賽場上時，我們常會看到球員們圍成一圈。這個圓陣具有統一攻擊意識的效果，更能振奮球員的情緒。這種製造戰鬥緊張感的行為，稱為「提升士氣」（Psyching up）。簡單來說，這樣的舉動扮演了心理開關的角色。提升士氣這一行為的歷史久遠，日本人早在戰國時代戰鬥前都會高舉刀子大喊「嘿嘿唷」了。由此可見，古人早就知道如此做的效果。

■守門員的壓力
　　針對 137 位巴西職業足球選手進行位置與壓力的調查，結果顯示，守門員對於會影響知覺的夜間比賽倍感壓力。此外，在比賽開始數分鐘內，守門員感受到的壓力遠比其他位置的選手還要大。看來守門員承受的負擔果然與其他球員不一樣。至於對前鋒而言，最大的壓力莫過於被判黃牌。由於這會影響球員能不能上場，所以他們對黃牌會有不悅的感覺。

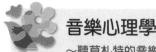

音樂心理學
~聽莫札特的音樂會變聰明？／日本人的絕對音感~

　　聽音樂會使心情產生變化。因為曲調、節奏、音樂的種類不同，造成的心理效果也不同。音樂心理學就是研究聽音樂或演奏音樂時的心理狀態，以及如何辨識聲音的學問。尤其近年來音樂具有的療癒功能備受矚目，因此更進一步研究音樂療法和音樂治療（Therapy）。

■聽莫札特的音樂會變聰明？

　　1993 年，美國發表一項研究結果，指出短期聆聽莫札特「雙鋼琴奏鳴曲」的學生成績有提升的現象。這件事後來被稱為「莫札特效果」，掀起了不小的風潮。莫札特的曲子與其他作曲家的作品相比，高周波的音較多，據說這能刺激腦部活性化。然而否定這項研究的科學數據也相當多。某位老師就反駁：「那麼聽莫札特的人不都變成天才了？這是不可能的！」。

■日本人的絕對音感

　　所謂「絕對音感」，是清楚分辨出聽到的聲音屬於哪個音階的能力。日本新潟大學的宮崎教授，對在日本主修音樂的學生與波蘭音樂學院的絕對音感擁有者進行調查。結果發現，音感測驗答對率 90 ％以上的學生，日本人占 30 ％，波蘭人只占 12 ％。平均分數也是日本學生比較高。儘管不能一概而論，但可以推測擁有絕對音感的日本人應該比想像中還多。你身邊是否也存在擁有絕對音感的人呢？

第 6 章

更實用的心理學
（心理學應用）

本章將介紹以各種心理效應為基礎使用在各場合的妙招。在澈底了解自己與他人後，一定要活用這些心理學技巧，否則無法享受到它真正的價值。所以請各位在看完本章後，記得落實在日常生活中。

是時代不斷在改變？還是因為你成長了？你是否覺得新進員工的工作態度不太積極？他們一遇到事情，自尊心永遠比工作重要，也絕對不做默默努力這種事。一遭到責罵，馬上就辭職。也難怪他們會這樣，因為他們從小到大都沒挨罵過。

　　要教育這樣的部屬或後進，真的非常辛苦。基本的「生氣方式」與「提醒方法」，也會因為對象不同以致效果有差異。有些人必須嚴厲訓誡才行，但有些人如果不溫柔地勸說就可能陷入嚴重的沮喪中，總之每個人的情況都不一樣。不過一般來說，若表現出想稱讚人的感覺，較容易產生好的結果。若對一個人有所期待，對方也會努力以回應你的期待，這通常比起動怒強迫對方記住更有效果。心理學上稱這種方式為「比馬龍效應」（Pygmalion effect）。比馬龍是希臘神話裡一位擅長雕刻的國王，他愛上了自己雕刻的少女雕像，結果天神受他的深情感動，便替雕像注入生命。這故事衍生的意義是：只要像比馬龍一樣對事情抱持希望，總有一天會達成。「比馬龍效應」的名稱由此而來。所以日後生氣想罵人時，不妨先忍耐，改為稱讚對方如何？

　　這個效應的重點在於不能只是光說不練。必須打從心裡相信部屬，對他懷抱期待，對方才可能真的進步。人們在事情發生初期就會自動啟動體內的防衛機制，使得自己一開始就不會真心相信別人，免得日後受傷害。儘管笨拙的新人令人頭痛，但人類的防衛機制說不定才是攔阻對方成長的最大障礙。

上一單元已經說明，因爲存在比馬龍效應，所以對部屬還是以讚賞的方式較好。話雖如此，但強忍下想說的話而胡亂稱讚對方也不是好辦法。如今在許多服務業或醫療現場常用的「自我主張」（Assertion），便能派上用場。這是一種「重視自己也重視對方的溝通」的思考方式。也就是理解並尊重對方（部屬）的行爲，同時將自己（上司）想說的話確實傳達的意思，而不是一味地責備或胡亂稱讚。這是心理學中非常出色的溝通技巧，廣爲一般企業學習及運用。

　　例如部屬在同一個月內因爲粗心犯了 4 次小錯。若是一般的上司會生氣地說：「你在做什麼？已經第四次了！振作一點！」但自我主張的思考方式卻會提出部屬爲何犯錯的原因（行動），再回頭看那結果（影響），然後說明自己對這件事有什麼看法（感情）。這麼一來，對話就會給人「如果在交出資料前先修改好（行動），就能防止錯誤產生（影響）。我眞的覺得很可惜（感情）」這樣的感覺。

　　也就是說，不意氣用事，而是提出原因與結果，並傳達希望改進的想法，這麼一來部屬就能明確地知道該如何做，並加以實踐。這個過程非常重要。並非直接責備部屬「不要遲到」，而是告訴對方遲到會有什麼影響，以及自己有什麼感覺。因爲彼此都會說出自己的想法，所以有時會有意見相左的情況產生，這時千萬不能說出攻擊性字眼或完全配合對方。應該彼此各退一步，尋求最適合的解決辦法。

辦公室適用的心理學
～巧妙讚美上司的方法～

　　對一般的公司職員而言，與上司的關係相當重要。由於上司對自己的評價多半很主觀，大家或許就在不知不覺中努力表現出符合上司期望但並不是真實自己的那一面給上司看。這在心理學稱為「自我呈現」（Self-presentation）或「印象管理」（Impression management）。為了自己的利益，採取和自己本意不同的行動，稱為「奉承」；別有意圖的中元節禮物或年終禮物，也是「奉承行為」的一種。不過這種行為次數一旦增多，就沒有效了。萬一打的主意被人看穿，反倒容易產生反效果。也許你以為上司會如古裝劇裡的壞縣太爺一樣說：「你也很壞嘛！」並與你狼狽為奸，但現今社會的大人物並沒有那麼容易捉摸。

　　既然如此，該如何做才好呢？基本上，贊同上司的意見雖然重要，但還有幾個更簡單的辦法可以稱讚對方。

1. 具體的稱讚

　　與其說「那雙鞋子很有品味」，不如說「那套西裝的顏色和鞋子搭配起來相當有品味」，像這樣具體提出某一部分的優點，聽起來反而不像在說客套話。

2. 稱讚上司令人意外的優點

　　意外性這點非常重要。與其稱讚大家都知道的部分，不如稱讚大家平常未注意到的部分，顯得更為高明。當上司若無其事展現某樣事物時，千萬別錯過了。

3. 大聲稱讚

　　稱讚上司時，別因為覺得可恥而說得太小聲。要清楚說出，並流露出極受感動的模樣，縱使表現得稍微過火也無妨。

178

在公司內如果沒有多位同事支持，不會有良好的工作氣氛。然而，並非所有的同事都是好人，相信也有令你看不對眼的人。「暗地裡摸魚」、「愛說同事壞話」、「總經理的情婦」等，對於這類明確討厭他某一點的人還算可以忍受，但另外可能還有些是莫名就覺得厭惡，生理上都沒辦法接受的人。

　　這種「沒來由感到厭惡」的情形，到底是討厭對方哪裡呢？因為討厭去思考自己為什麼厭惡對方，便以「沒來由感到厭惡」這種語意模糊的表現方式帶過。說不定這種說法其實是看到對方的外表覺得不舒服，卻不便明講的委婉表現。

　　若以心理學的角度來看，其實大多是因為對方討人厭之處在自己身上也有的緣故。也就是說，因為對方讓自己看到本身討人厭之處，於是產生厭惡對方的情感；但如果進行邏輯探究，就會在對方身上看到自己討人厭之處。所以便放棄探究討厭對方的理由，而以「沒來由感到厭惡」代替。這是一種自我防衛功能，個性相似的親子常吵架就是這個原因。

　　意識到自己沒來由討厭一個人時，對他的「厭惡感」會急速上升，於是自己變得難以和對方共事。這時應該冷靜正視對方身上自己討人厭的部分，將對方視為讓自己的性格變好的人才是。一旦清楚對方的性格後，說不定會發現撤除他討人厭的部分外，你們的共通點還不少。只要認同對方的優點，便能拉近與他的距離。不妨試著向對方自我揭露，也許日後就能感情融洽地一起工作了。

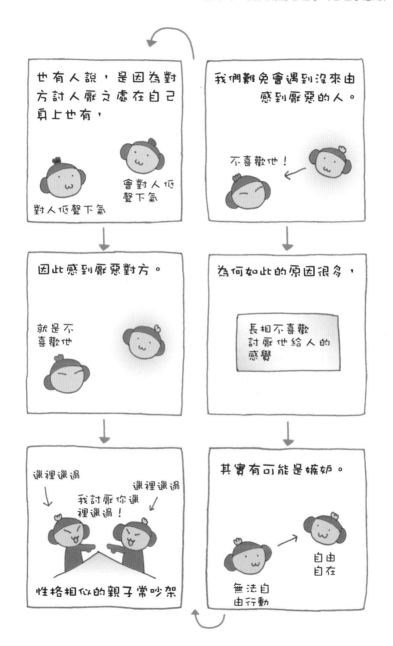

也有人說，是因為對方討人厭之處在自己身上也有，

對人低聲下氣

會對人低聲下氣

我們難免會遇到沒來由感到厭惡的人。

不喜歡他！

因此感到厭惡對方。

就是不喜歡他

為何如此的原因很多，

長相不喜歡
討厭他給人的感覺

邁裡邁過

邁裡邁過

我討厭你邁裡邁過！

性格相似的親子常吵架

其實有可能是嫉妒。

無法自由行動

自由自在

　　如今不只廣告代理商和企劃相關的公司員工必須做簡報，在許多場合各類公司的員工做簡報的機會也變多了。簡報光只是內容充實還不夠，必須能吸引聽眾的注意，在他們心中留下深刻的印象。在此將從簡單心理學的角度來說明做簡報的訣竅。

〔準備階段〕
　　發表簡報前，任誰都會緊張，那是預想到「萬一失敗了怎麼辦」這樣的恐懼所造成。基本上，準備越充分就越不會害怕。或許你沒有餘裕和時間對抗，但如果有時間將資料準備完善，最好花點時間練習如何發表。隨著你練習的次數越多，越能在過程中享受聽眾如何被你說的話吸引。

1. 思考時間分配與簡報結構
　　事先思考簡報的時間分配，約控制在簡報完成時還有 20 ％的時間較理想。並檢查簡報內容是否包括引言、主題、結語、今後的方針，以及是否有引人入勝的部分。尤其是引言，必須能抓住聽眾的心。由於首因效應的關係，若是引言使大家留下好印象，對內容整體就容易有正面評價。
　　因此建議各位最好能預演 3 次以上。如果時間分配不好，會讓聽簡報的人產生不快感；但事先演練 3 次以上，正式發表時就能流暢地說出內容。如此一來，既有助於時間掌控，也能抑制無謂的緊張。

2. 講完一頁內容的時間

在用 Power Point 做簡報時，講完一頁所需的理想時間大約是 3 分鐘。然而現在的年輕人常看電視，資訊性節目裡的圖表出現時間多在 1 分鐘內，所以要讓習慣這種長度的人聽 3 分鐘可能覺得有點久；不過短時間內講太多內容，聽眾又可能跟不上，自然不可能在心裡留下印象。所以一頁講 2 ～ 3 分鐘最理想。

3. 資料的字體

雖然這件事微不足道，但還是希望各位注意資料的字體。常用字體可大致分為黑體和明體。黑體適用於標題等需給人深刻印象的文字，較容易傳達至聽眾心裡；明體因為看起來舒服，適用於需要閱讀的長篇文章。不過簡報通常沒有太多文字，所以用黑體字即可。

4. 穿什麼衣服較恰當

基本上無論是男性或女性，做簡報時穿深色衣服較合適。這會使說明者看起來很穩重，增加他的說服力，可算是光環效應的一種。此外，男性要注意自己的領帶顏色。紅色這類原色是熱情的象徵，容易在演講時抓住聽眾的心，但做簡報時若是領帶比內容更吸引聽眾反而不妙，所以建議各位挑選顏色沉穩的領帶。

〔實踐階段〕

1. 聲音的大小與速度

刻意大聲說明十分重要。響亮的聲音擁有催動人心的能量，也容易讓人信賴。此外，也要重視說話的速度。說話快的人競爭意識強。說話太快並沒有任何好處，所以平日有此習慣的人切記要慢慢說。說話從容不迫會讓人覺得你自信滿滿，更容易在聽眾心裡留下印象。

2. 重要的部分不斷重複

不斷重複自認為重要的部分，是國外政界人士常用的手法。與會者在反覆聆聽的同時，自然會在心裡留下印象。因為說話者運用記憶的重複效應，所以聽眾會將他說的話從短期記憶轉換到長期記憶。

3. 頻繁注視與會者的臉

記住時常看參與簡報會議者的臉（眼睛），這方式稱為「Eye catch」，是做簡報的基本手法。如果知道與會者中誰是握有決定權的人，發表者都會不自覺地看向他。但這點希望大家能多注意，如果表現得太明顯，會造成其他與會者不愉快。此外，當你運用「Eye catch」時，應該會發現有人向你點頭。只要你和他們之間的互動良好，就能讓簡報的氣氛變好。

4. 充分運用停頓

善於做簡報的人和不會做簡報的人，最大的差異就在於「停頓」的運用方式。比起不斷說話，話語停頓處更引人注意。低頭的人發現話聲停止，大多會抬起頭問：「怎麼了？」所以遇到要強調的部分，不妨先停頓一下，然後再慢慢說出來。這個小訣竅不但能喚起聽眾的興趣，也能加深他們的印象。

5. 兩面呈現較有效果

只闡述事物的長處稱為「一面提示」，若長處、缺點都說明則稱為「兩面提示」。向知識分子做簡報，最好採取兩面提示，較能說服他們。以優點→缺點→優點的順序說明效果較好。

一家服裝相關銷售公司裡某位銷售業績第一名的業務部經理，每當要做簡報時，他總指派企劃室的新設計師負責。明明有許多優秀的設計師，為什麼偏偏要一位新人負責？那位經理表示，與其聽熟練的設計師在簡報時「提出什麼新想法」，新人抱持的「熱情」反而更有可看性。無論會多少心理學的技巧，不用心的說話方式不過是將一些沒有意義的字眼排列組合，根本沒有任何幫助。所以請各位懷著熱情迎接簡報的挑戰吧！

褲子呢？

運用心理學要馬上變成「工作能幹的員工」很困難，但變成「看來工作能幹的員工」倒是有辦法。雖然只是「看起來像」，但不像「螃蟹」和「蟹味魚板」兩者的差距那麼大。只要成為看來工作能幹的員工，感覺就會意外地像工作能幹的員工了。雖然「蟹味魚板」再怎麼努力也不會像「螃蟹」，但「看來工作能幹的員工」卻有可能成為「工作能幹的員工」。

■切記決定外表的是服裝的顏色

　　由於光環效應（參見第82頁）是相當強烈的心理效應，所以人們一看到外表光鮮亮麗的人，就會擅自推測他的背景，並給予高度的評價。不過再怎麼打理外表還是有其極限，不如從禮儀與髮型、化妝等重點下手。尤其是調職等必須與其他新成員共事的場合，首因效應十分強大，所以希望各位能給其他人留下一個沉穩的好印象。

　　服裝的顏色也是重要因素，尤其是男性在挑選服裝和領帶時一定要慎重。西裝和領帶的顏色有著傳達訊息的特性。想給人誠實印象可以穿深藍色系西裝、白色系襯衫、搭配黑色的飾品，領帶則推薦同色系粗條紋的款式。若是深藍色系的西裝配橘色系的領帶，會給人明亮且充滿朝氣的感覺。為了不讓黑色西裝看起來太有壓迫感，建議不要繫黑色系的領帶。若想讓人覺得幹勁與熱情十足，可以穿黑色西裝配紅色領帶。女性穿衣服就不需太過拘泥，不過如果為了給人清新印象而只穿白色罩衫，容易給人冷淡的感覺，千萬要注意。

辦公室適用的心理學
～成為看來工作能幹的員工②～

■表情、說話方式

比起說話的內容，一個人說話的方式與表情更容易受到高度評價。說話速度要不疾不徐、態度溫和。所有表情中最重要的是視線，睜大眼睛笑著注視對方的眼睛非常重要。但千萬要注意思考時眼神不要往上飄。

■動作、姿勢

如果有餘裕，可以在對話中稍微加點手勢。手是人的第二個表情，可以幫助你強調重點。此外容易受一般人忽視的是姿勢。現代人很容易駝背，所以記得要站直。

■有效的自我呈現

刻意表現出想給人的好印象，稱爲自我呈現。又分爲戰術性自我呈現與戰略性自我呈現。所謂的戰術性是自我宣傳、奉承、威嚇等，能在短時間內給人留下印象。戰略性是利用尊敬、威信、信賴感等，花費長時間讓人留下印象。特別是戰略性自我呈現，最好訂立「想成爲這樣的員工」的目標，好不斷提升自我。

■重要的自我揭露

要成爲看來工作能幹的員工，就必須提升你給人的好感度。若以爲「看來工作能幹」就要保持神祕感，這種想法是大錯特錯。要提升好感度，最好主動說出自己的事，也就是「自我揭露」。注意別流於炫耀地說自己的事，才能拉近與他人的關係。

家庭適用的心理學
～順利購買洗／烘碗機的溝通技巧①～

洗／烘碗機、直立式洗衣機、液晶電視、多功能電子鍋、吸力絕不減弱的吸塵器等，如今市面上充斥著許多高功能的高價電器。這些用具對主婦而言可說是充滿了魅力。然而各位是否有這樣的經驗：非常想買某件物品，卻因為丈夫不答應，最後只好放棄。其實有幾種有效的交涉法可以幫助你說服丈夫。所以在放棄前，不妨試試看。

■得寸進尺法（階段性要求法）

如果直接說「買洗／烘碗機給我」，很有可能遭拒絕。畢竟那可是數萬元的商品。所以要先從簡單的請求開始，得到丈夫的同意後再進一步提出難度更高的要求。這種名為「得寸進尺法」（Foot-in-the-door-technique）的交涉法，來自於業務員為了向被推銷者講話，會先將腳伸進門縫裡而命名。這是相當高超的業務員手段。

起初可以先從「幫我買一台幾千元、可以保持餐具清潔又能節省時間的烘碗機」開始要求。這樣對方答應的機率應該很高。等到對方答應後，再補上「這樣手還是會乾燥受損，而且我也想替你做更多美味的料理」等理由，表示妳想要一台兩、三萬元的洗／烘碗機。這麼說會比妳直接開口就說要一台六萬元的洗／烘碗機更容易成功。這是利用對方已經先答應妳就不便拒絕的心態。第一次開口的價格設定非常的重要，如果東西的價格太高，可以分 3 次作戰較有效。

■以退為進法（讓步的要求法）

　　另一種交涉法，是在預想對方會拒絕的情況下，提出過分的要求，等對方拒絕後，再降價繼續要求的交涉法。像推銷訂報的人一開始都會請對方「訂半年的報紙」，一旦被拒絕後就會接著說「那先訂一個月看看」，就是利用這方法。由於對方拒絕你之後多少會產生愧疚感，所以會答應你接下來的請求。這方式就稱為「以退為進法」（Door-in-the-face-technique），原本是指開門之後把臉塞進門縫的意思。

　　由於一開始就有心理準備對方會拒絕，才會說想買最新型、五、六萬元以上的洗／烘碗機。等丈夫反對後，再假裝沮喪地讓步說出真正想買的兩萬元左右洗／烘碗機。丈夫看妳已經讓步，加上有點歉疚的心態作用，通常都會答應妳的要求。

■兩面提示與一面提示

　　為了讓丈夫幫自己買洗／烘碗機，必須讓他知道自己為何選擇那個機型、它有什麼優點。先前談論如何做簡報時已經向大家提過，在說明時有兩種提示方式。一種是強調優點的一面提示，另一種是同時提出優點與缺點的兩面提示。該如何說明，必須依丈夫的聰明才智判斷。如果丈夫是明智的人，就採兩面提示，否則若只強調優點，反而會讓他起疑心。相反地，若丈夫的頭腦不怎麼精明，則需一股腦兒地強調優點，他較容易答應。

家庭適用的心理學
～小心推銷辭令～

世上充斥著迷惑平凡家庭主婦的推銷辭令。單純的主婦們很容易就那些話矇騙。爲了讓各位不至於上當，在此介紹幾種說話術暗藏的陷阱。

■危險的限量商品

廣告常會出現「限量商品」這些字眼，卻不一定眞的限量。大部分是爲了讓你產生「商品數量少，絕對要買」的心態才這麼寫。例如「每人限買2個」，多半也是激起大家購買欲望的手法之一。事實上，幾十人中就有一人買3個以上。就算一個人只能買2個，大家也會認爲那是人氣商品，買的人自然會增多，這是一種提升總銷售量的手段。

■不僅如此技法（That's-not-all technic）

這是電視購物、郵購等常用的手法。在介紹完商品和價格後，會特地選在視聽者考慮要不要的時間點上，補上「要是現在購買」就送精美贈品。正在煩惱要不要買的人一聽到有贈品，通常都會立刻傾向於購買。

■輕鬆賺到錢的網路生意

如果眞的賺錢絕對不會告訴你。這類把輕鬆賺錢說得煞有其事的宣傳法，實在大有問題。當你聽到賺錢的內容、看到如何操作後，會認爲「這門生意可以賺錢」，是因爲你將情況依自己的願望過度美化的關係。這在心理學裡稱爲「認知不和諧理論」。

丈夫的模樣怪怪的，該不會在瞞我什麼吧？相信各位多少會遇到這種狀況。在這世上有很會說謊和不擅長說謊的人，但無論是哪一種，多會釋放出某種訊號。一般人都會認為「若有說謊很容易表現在臉上」，所以大多會仔細看對方的表情與眼睛。其實這不對。比起臉部表情，手腳等肢體動作更能判斷一個人是否在說謊。因為對方知道表情若稍微有異一定會被看穿在說謊，所以會很小心不讓表情產生變化。除了一小部分真的很容易被看穿的人外，是很難從臉或眼睛看出一看人是否在說謊。在此舉出心理學家澀谷昌三發表的說謊時會顯露的訊號，供大家參考。

· 說謊時雙腳的動作會變得很不自然。當你發現對方不斷交換交疊的腳、頻繁地晃動等坐立難安的動作出現，就要小心了。（因為他在壓抑從現場逃走的心情）
· 開始觸摸臉頰或耳朵。由於碰嘴的動作最可疑，那表示他想用手摀住嘴讓你看不到他在說謊。
· 為免他人藉手部動作看穿他在說謊，會出現將手插在口袋裡、雙手交叉在胸前等隱藏雙手的動作，
· 怕沉默下來會讓人看穿他在說謊，所以回答問題都很快。
· 當你說「可是……」時，他會將曾說過的話再度鉅細靡遺地說明。由於每個人的反應不太一樣，也會出現回答簡短、饒舌的情況。
· 目不轉睛地直視對方。

夫妻吵架的技巧
～說出想說的話又不需吵架的方法～

　　夫妻一起生活難免會有吵架的時候。吵架要吵得好,也可以是夫妻關係長常久久的秘訣。人會生氣是由於「不安」與「恐懼」的防衛反應、警告反應(參見第60頁)。生氣會分泌正腎上腺素(Noradrenaline)這種荷爾蒙,它會讓心跳加速與血壓升高。當大腦察覺這種狀況後,會更增加憤怒的程度。你是否發覺自己氣到失去理智的次數越來越多?尤其是夫妻吵架誰都不願意退讓,更容易形成惡性循環,之後便亂丟東西出氣,甚至使用暴力。這樣雖然可以發洩怒氣,但有時反而會更生氣。

　　既然這樣該怎麼辦?難道要壓抑想說的話,保持沉默?不,壓抑的情緒最後會變成不滿殘留在心裡,最後累積形成不信任感。日子一久,你會不再相信對方。所以,這種時候要利用「自我主張」(參見第176頁)這方法來告訴對方:他的什麼行為對你造成什麼傷害,你又如何想。也就是說,不要氣呼呼地對他說:「你回來得太晚了!」而是說:「你都沒有先打電話回來(行為),害我白白煮了飯(影響)。我本來想和你一起吃飯,我真的覺得很遺憾(感情)」。將自己的想法清楚地傳達給對方很重要,而且這種說法比起劈頭痛罵較沒有攻擊性,也能達到發怒原本的目的——警告。

　　感情融洽的夫妻是彼此互補的關係。會有不同的意見原本就很自然,最重要的是傳達自己的想法並尊重對方。說完自己想說的話後,不妨給對方一個微笑,相信你說的話會深刻地留在對方心裡。

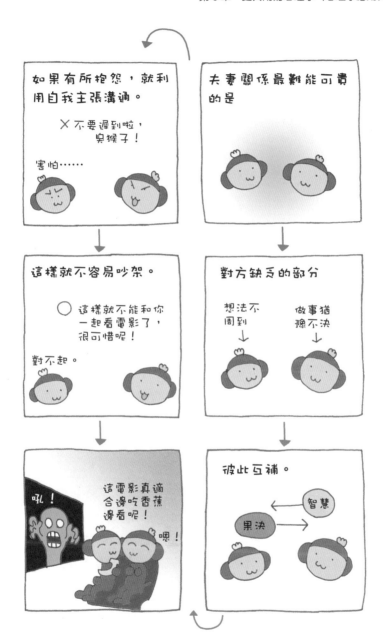

後 記

　　人類是很容易相信的生物。先不論血型占卜或星座占卜準不準，人們就是會在意它的結果。這是因為「如果有可以相信的因素就想相信」這種心理作用的關係。所以有許多人便利用人類容易相信的特質進行犯罪。例如「轉帳詐欺」事件層出不窮，就是利用人們儘管覺得不對勁還是會相信的這項特點。

　　同樣地，人們對於「心理學」這東西也會毫不抗拒就接受。即使本書的心裡效應都經過實驗證明，但也不能全然相信這些實驗結果。因為只要其中一個條件改變，結果就會澈底不同。問卷調查的對象是誰？問卷的設計方式如何？也會大幅影響結果。問題的詢問順序、選擇或記載方式、選項內容及順序等，對結果都有明顯影響，所以要讓問卷得到主辦者想要的結果，其實只需非常簡單的手法。所以，無論是實驗或問卷調查，都要依施行的方式進行判斷，不可全盤相信。然而人們只要一聽到「問卷調查結果」、「有科學根據」，就很容易卸下心防，不知不覺便相信。

　　此外，人們也很容易受外表和說話方式所影響。根據「麥拉賓法則」（The rule of Mehrabian），人們利用「外表占55％，說話方式占38％，說話內容占7％」的比例來判斷事情。不過這其實有陷阱。在「傳達訊息的人話中含意可以解讀成好意或反感」的情況下，原本就容

易將外表與說話方式當成主要的判斷標準，而不是內容。例如有人說你「體格真好呢」，你可以從對方的表情與說話方式判斷他是在說你「很胖」還是「身材壯碩」。所以不說明條件，單純做出「比起說話內容，外表更重要」的結論，實在太過牽強。然而大多數的人和書籍都會提出對自己有利的數據佐證。雖然趨勢、傾向可以當成不錯的參考，但也可能遭到錯誤的解讀。如第44頁克雷奇默的研究結果，原本是針對有心病的人做的性格傾向分類，與單純的性格判斷並不一樣。所以希望大家將這一類的內容當成看清自己內心的工具，以及與他人圓滑溝通的參考，但不需百分之百相信。

重要的並非「符合」和「不符合」。因為人類有各式各樣的心理狀態，了解它們能讓自己過得更加豐富。而且學心理學可以更清楚他人在想什麼，更是了解自己的絕佳工具。

我想說的是：心理學其實相當複雜且深奧，所以才會那麼有趣。儘管本書中有一堆三本猿猴在耍寶，但如果能在各位心中留下些什麼，將是我莫大的榮幸。

Pawpaw・Poroduction／原田玲仁

索　引

從選擇的色彩

漫畫有趣的色彩心理學1

作者◎Pawpaw Poroduction
定價◎240元

藍色車輛較容易發生車禍嗎？
紅色房間裡開會或等人覺得時間較漫長？
色彩知識化為輕鬆文字與幽默漫畫，
帶你踏入繽紛有趣的色彩心理世界！

色彩迷惑你的時間感、空間感及重量判斷
提升或抑制食欲與睡意，決定你對企業和
品的印象，還透露你的內心世界……

這是一本有趣且更容易理解的「色彩心理」入門書籍，
介紹色彩的基本認識與趣味知識，
說明色彩不可思議的力量與具體效果，
告訴你從喜歡的顏色了解人的性格，
從流行角度看服裝顏色的影響，
以及色彩心理在兒童、企業、
書籍、電影等的實務應用情形。
全書搭配眾多妙趣橫生的漫畫
及插畫輔助本文解說，兼具知識性與娛樂性。

窺探內心世界！

第一次約會別穿白色
──超級實用色彩心理學2

作者◎Pawpaw Poroduction
定價◎260元

色彩心理學第二發震撼彈引爆！
為什麼藍色讓人瘦身又好眠？
女性喜愛紅色原來是基因註定？
把妹千萬不能穿橘、紅色？

色彩魅力左右你的溫度感、重量感、
時間與空間感，活用色彩在職場、家
庭、戀愛等場合將事半功倍！

本書統合眾多色彩心理學知識濃縮成精彩內容，
讓你挑戰色彩力測驗鑑定自己的色彩綜合能力，
評論色彩偏好的影響因素，
特別闡釋色彩與瘦身的關係，
傳授正成為熱門研究項目的色彩心理瘦身法，
以及如何在日常生活各場合發揮實用的色彩心理技巧，
並收錄專門的色彩資訊及最新研究成果。
兼顧理論與感性的輕鬆文字，滿足視覺的豐富插圖與幽默漫畫，
是你探索繽紛色彩世界的精準導航系統。

色彩心理學❶❷持續熱賣中!!

國家圖書館出版品預行編目資料

瞬間看穿人心的心理學 / Pawpaw Poroduction
　著；許慧貞譯. -- 初版. -- 新北市新店區：
世茂, 2009. 05
　　面；　公分. --（科學視界　；118）
　含索引
　ISBN 978-957-776-985-5（平裝）

1. 心理學　2. 漫畫

170　　　　　　　　　　　　　98005165

科學視界　118

瞬間看穿人心的心理學

作　　　者／Pawpaw Poroduction
譯　　　者／許慧貞
主　　　編／簡玉芬
責任編輯／傅小芸
出 版 者／世茂出版有限公司
負 責 人／簡泰雄
登 記 證／局版臺省業字第 564 號
地　　　址／（231）新北市新店區民生路 19 號 5 樓
電　　　話／（02）2218-3277
傳　　　真／（02）2218-3239（訂書專線）
　　　　　　（02）2218-7539
劃撥帳號／19911841
戶　　　名／世茂出版有限公司
　　　　　　單次郵購總金額未滿 500 元（含），請加 50 元掛號費
酷 書 網／ www.coolbooks.com.tw
排　　　版／辰皓國際出版製作有限公司
印　　　刷／祥新印刷事業股份有限公司
初版一刷／2009 年 5 月
　七刷／2013 年 2 月

定　　　價／260 元
Ｉ Ｓ Ｂ Ｎ／978-957-776-985-5

Manga de Wakaru Shinrigaku
Copyright © 2008 Pawpaw Poroduction
Chinese translation rights complex characters arranged with Softbank Creative Corp., Tokyo
through Japan UNI Agency, Inc., Tokyo and Future View Technology Ltd., Taipei

合法授權・翻印必究

青山是泉鬥下裝丁等可，射射！

讀者回函卡

感謝您購買本書，為了提供您更好的服務，請填妥以下資料。
我們將定期寄給您最新書訊、優惠通知及活動消息，當然您也可以E-mail：
Service@coolbooks.com.tw，提供我們寶貴的建議。

您的資料 (請以正楷填寫清楚)

購買書名：_____

姓名：_____ 生日：_____ 年 ____ 月 ____ 日

性別：□男 □女 E-mail：_____

住址：□□□_____縣市_____鄉鎮市區_____路街
　　　_____段_____巷_____弄_____號_____樓

連絡電話：_____

職業：□傳播 □資訊 □商 □工 □軍公教 □學生 □其它：_____

職業：□碩士以上 □大學 □專科 □高中 □國中以下

購買地點：□書店 □網路書店 □便利商店 □量販店 □其它：_____

購買此書原因：____ ____ ____ ____ ____（請按優先順序填寫）
1封面設計 2價格 3內容 4親友介紹 5廣告宣傳 6其它：_____

本書評價：____ 封面設計 1非常滿意 2滿意 3普通 4應改進
　　　　　____ 內　容 1非常滿意 2滿意 3普通 4應改進
　　　　　____ 編　輯 1非常滿意 2滿意 3普通 4應改進
　　　　　____ 校　對 1非常滿意 2滿意 3普通 4應改進
　　　　　____ 定　價 1非常滿意 2滿意 3普通 4應改進

給我們的建議：_____
_____
_____

傳真：(02) 22187539
電話：(02) 22183277

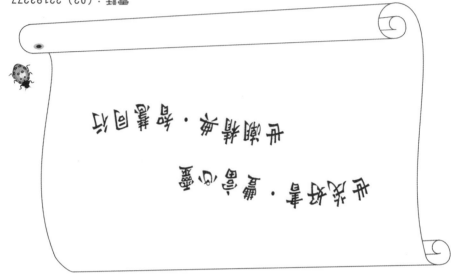

生活智慧・掌握人生
生命潛能・發揮自己

廣告回函
北區郵政管理局登記證
北台字第9702號
免貼郵票

231台北縣新店市民生路19號5樓

世茂
世潮 出版有限公司 收
智富

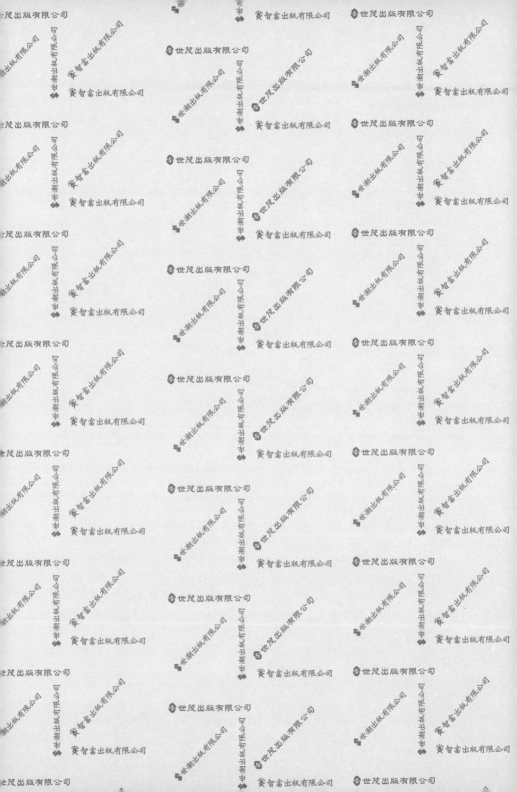